小林洋美［著］

飛ばないトカゲ

ようこそ！
サイエンスの「森」へ

東京大学出版会

The Lizard ain't Blowin' in the Wind
Hiromi KOBAYASHI
University of Tokyo Press, 2022
ISBN 978-4-13-013316-6

はじめに

本書は、『UP』誌に二〇二〇年一月号から連載している「論文の森の『イグ!』」の開始から二年分を第I部として、『眼科ケア』誌に連載中の「モアイの白目」の二〇一八〜二〇年分を第II部として、改稿の上、収めた。三年前に「モアイの白目」の二〇一〇〜一七年分を書籍化（小林洋美『モアイの白目』東京大学出版会、二〇一九年）した時、「『モアイの白目』の周辺で」という紹介文を『UP』誌（二〇一九年一〇月号）に書いた。これがきっかけとなり、「論文の森の『イグ!』」という連載が始まった。以下がその紹介文の抜粋です。

＊

「モアイの白目」は、毎回、私がおもしろいと思った英語論文を紹介するという形式で、掲載誌の都合上、「目に関する論文」という縛りを自分でつけた。長い間そうしていると不思議なもので、おもしろいけれども目に関係がない論文を読んだ時に、紹介できなくてがっかりすることがある。今回、せっかく本誌に寄稿の機会を得たので、本の内容を紹介する代わりに、最近気になっていた「目とは関係のない論文」を紹介させていただこうと思う。

ハエのクールダウン

今年の夏も暑かった。毎日汗を流しながら、これも体温を下げるためには必要なのだと言い聞かせて、庭で草むしりをしていた。ヒトのように汗をかいたり水を飲んだり、イヌのように口を開けて舌を出してハアハアしたり、ネコのようにグルーミングで唾液を体に塗ったり、鳥のように水浴びしたりして、動物は体温を消散させる。体温調節の方法は実に様々だ。

太陽光がガンガンさしている芝生の上で梅の土用干しをしていても、蚊に煩わされることはない。しかし、ちょっと日陰に入るや否や、何匹もの蚊がまとわりついてくる。蚊だって炎天下より日陰がいいのだろう。昆虫は汗をかいたりできないものなあ。そう言えば、洗面所のひさしの裏にハチが巣を作っているようだ。ハチの巣も日陰だ。巣をどうしたものかと思いながら、毎朝歯を磨いていると、気温の高い日にはハチの羽音が聞こえてくる。羽根を震わせて、風を送って巣の温度を下げているのだ。そう思うと、多少だけれども親しみが湧いてこないこともないので困る。ハチの中には、水を口に含んで巣にかけて、巣の温度を下げる種類もいるそうだ。昆虫たちもクールダウンの方法をそれぞれに持っている。

Gomesら[1]が報告したオビキンバエ（*Chrysomya megacephala*）のクールダウンの方法には驚いた。オビキンバエは、口から唾液を出して液滴を作り、蒸発によって液滴の温度が下がったところで、再び口に吸い込むということを繰り返し行うのだ。子どもの頃、風船ガムをプゥーっとふくらまして再び口に戻すと、ガムをひんやり感じたことを思い出した。あれだ。あれを自分の唾液でやっているのだ。

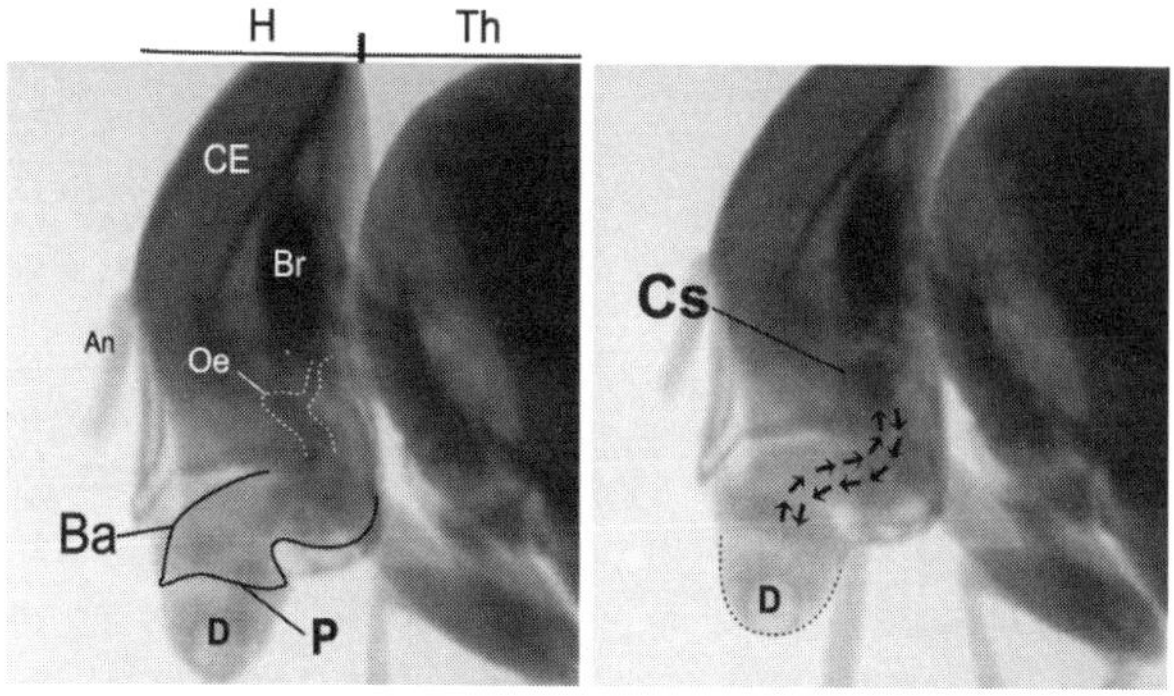

図A　X線マイクロトモグラフィーによるオビキンバエの頭部画像[1]
CE：複眼、Br：脳、An：アンテナ、Oe：食道、Ba：口腔、P：口吻、D：液滴、Cs：冷やされた液体、H：頭部、Th：胸部

Gomesらは、赤外線サーモグラフィーを使って、オビキンバエの体の温度変化を調べた。口から出した液滴が冷却され、それを再び吸い込むと、頭部、胸部、腹部の温度がそれぞれ一・〇度、〇・五度、〇・二度低下したそうだ。この行動を何度も繰り返して、さらに体温を下げる。文献に添付されている映像を見ると、液滴が冷えて体温が下がっていく様子がよくわかる。赤外線サーモグラフィーって、こんなに詳細に測定できるのかと驚いた。Gomesらは、X線マイクロトモグラフィーという装置も使っている。これを使うと、液滴を出し入れしているオビキンバエの、小さな頭部のさらに小さな構造を画像化できるのだ。X線マイクロトモグラフィーで撮影された頭部画像（図A）を見ると、オビキンバエが吸い込んだ液滴が、ちょうど目の奥にある脳の下あたりに格納されていることがわかる。オビキンバエが液滴を出し入れするバブリング行動には、脳を冷やすという効果があるのかもしれない、とGomesらは言う。それにしても、赤外線サーモグラフィーもX線マイ

クロトモグラフィーもすごい。

バブリング行動自体は以前から知られていて、体温調節の可能性も指摘されてはいたけれど、食べ物の処理機能、たとえば濃縮が主たる候補だったのだ。それが今、Gomesらの報告で、体温調節機能が有力候補として再浮上した。もちろん食物処理機能が消えたわけではないのだが、バブリング行動は、気温が上昇するとその頻度を増す。しかし、オビキンバエが活発に動いている時には、この行動は見られない。飛ぶためには筋肉が温まっている必要があるからだそうだ。さらに、この行動は湿度が高いと見られない。唾液の液滴が蒸発しにくくなるからだ。

「表面張力を考えると、これはヒトじゃ無理な戦略だな」と夫がさもいいことを思いついたように言ったが、そんなことは論文の考察にも書いてあると言うと、がっかりしていた。オビキンバエのクールダウンの方法では、体温を下げるために唾液の液滴を作るが、液体の表面張力を考えると、ハエのように体の小さい動物にのみ有効な方法なのだ。しばらくして、「アントマンならできるかも！」とまだ言っていたが、そんなアントマンは誰も見たくないのだった。

オヤジギャグ、みんなで聞けばおもしろい

大阪の叔父から電話があった。「いやあ、最近は筋力がなくなっちゃって。……キンリョクって言ってもお金の力じゃないぞ（笑）」。さすが大阪の人だけに、何かしらを入れてくる。ちょうど「Dad joke」に関する論文[(2)]を読んだところだったので、叔父のDad jokeにいつも以上に反応してしまい、

おもしろがっていると思われて何よりだった。

「Dad joke」は、日本語に訳すとそのまま「オヤジギャク」だ。日本語俗語辞典によると、「オヤジギャグ」は一九九六年に使われるようになったとある。英語の「Dad joke」の初出はアメリカの新聞紙上で一九八七年だとWikipediaに書いてあったので、日本の「オヤジギャグ」よりも早い。ということは、「Dad joke」を誰かが一九九六年頃に「オヤジギャグ」と訳したのだろうか。もしそうであれば、訳した方は素晴らしい。けれども、一九九〇年に流行語大賞を取った中尊寺ゆつこさんの「オヤジギャル」という言葉があるので、この「オヤジギャル」から「オヤジギャグ」が、アメリカとは別個に、日本で生まれたとも考えられる。そうであれば、異なる文化で、同じ言葉がほぼ同時期に生まれたというのもおもしろいし、アメリカでも日本でもお父さんがその手のギャグを言うというのも興味深い。世界中のお父さんたちがオヤジギャグを言うのだろうか。

語源はともかく、「Dad joke（オヤジギャグ）」を使って、Caiら[2]は、ジョークが他人の笑い声でよりおもしろく聞こえるのかを調べた。使用されたジョークは四〇個で、たとえば、「ものすごく小さい飲み物があるのは何州だ？　ミネソタ（Mini-soda）」とか「料理をするのに一番いいのは何曜日？　金曜日（Fry-day）」などだ。あんまりおもしろくないなあと思われるかもしれないが、参加者におもしろさを七段階で評価をしてもらうので、おもしろすぎるとすべてが最高点になってしまい、どこにも差が出なくなって困る。だからこれくらいでちょうどいいのだとCaiらは言っていた。四〇個のジョークを読んだのは、プロのコメディアンだ。Caiらは、各ジョークの後に「録音された笑い声」を入れたものと入れないものを作り、それらを参加者に聞いてもらい、評価が変わるかを調べた。その結果、笑い声を入れたジョークのほうがおもしろさの評価が高くなった。そこで、笑い声を二種類、「自然に発せられた笑い（自然な笑い）声」と「作り笑いの声」を使い、これらに差が見られるかを調べた。すると、笑い声のない時よりも『作り笑いの声』が入るとおもしろさの評価が上がり、さらに「自然な笑い声」では、より評価が上がったのだ。作り笑いの声が入るとおもしろさが半減するのではないかと思ったけれど、そうではなくておもしろさが増したことに驚いた。「自然な笑い声」と「作り笑いの声」を入れたジョークを自閉スペクトラム症の方にも聞いてもらったところ、結果は同じで、「作り笑いの声」よりも「自然な笑い声」の時によりおもしろいと判断された。

　他者の笑い声を無意識に処理し、それがジョークのおもしろさに影響したのだろうとCaiらは言う。もともと、笑い声の挿入はラジオのコメディ番組で開始されたそうで、どこで笑っていいのかが視聴者にわかりにくいので、「ここは笑っていいところ」という情報として笑い声を挿入したようだ[2]。つまり、笑い声が挿入されることで、ここは笑うところだということになって、おもしろく感じてしまうのかもしれない。あるいは、笑い声を聞いたことで、笑いがうつり、自分が笑ったことでおもしろかったと思ってしまうということかもしれない。

　『モアイの白目』は、こんな感じで、ただし「目に関する」論文を紹介しながら書いたエッセイ集です。

なぜ論文紹介エッセイを書こうと思ったのかについては『モアイの白目』で簡単にふれたので、そもそも論文が好きになったのはなぜだろうかとこの機会に考えた。小学校の図書館で最初に熱中した本は、シャーロック・ホームズだった。それ以来、推理ものなら、名探偵コナンもアガサ・クリスティも二時間サスペンスドラマも古畑任三郎も何でも好きだ。しかし、ここまで私の書いた文章を読んでいただければわかると思うが、私は語学全般にセンスがない。言い間違いもしょっちゅうで、そのたびにあきれた夫に訂正される。英語になるとさらにひどい。それなのになぜ英語論文を読んでいるのかと言うと、やはりおもしろいからだ。きっと推理小説に似ているからだと思っているのだが、どうだろう。「おもしろい」には言語は関係ないのだ。

論文が推理小説なら、研究者は探偵といったところか。アガサ・クリスティの「ミス・マープル」を何十回と繰り返し見ては、マープルさんはいいなあ、あんなおばあちゃんになりたい、と思っている。そういえば、クリスティの二番目のご主人は、考古学者のマックス・マローワンだ。シリアのテル・ブラク遺跡を発掘した方で、ここは「目の神殿」で有名だ。ここで発見された何百個もの小像の目が特徴的なので、それらは「eye idol」と呼ばれている（図B）。だから「目の神殿」なのだろう。私も一つほしいの

図B　テル・ブラク遺跡のeye idol（大英博物館蔵　©The Trustees of the British Museum）

だが、市場には滅多に出なくて、骨董屋でeye idolを見かけることはそうはないでしょうと骨董屋さんに教えていただいた。いつかeye idolの実物が手に入ったら、それについても書いてみたいとひそかに思っている。

探偵も骨董屋も研究者も、目が利かなくてはいけない商売だ。赤瀬川原平の『目利きのヒミツ』（岩波書店、一九九六年）という本のタイトルに惹かれて読んで、すでに五回は読んだと思う。繰り返して何度も本を読むのは、一回ではよくわからないからだ。一回では無理だ。じゃあ五回読んだらいいのかというと、やはり忘れてしまうのでまた読む。その繰り返しだ。しかし、毎回新鮮に読めるという利点もあるので、それはそれで得しているのかもしれない。

『モアイの白目』の書籍化のために八年間分のエッセイを読み返したが、さすがに自分が書いただけあって、その時々に熱中して読んでいた本が文章の端々に見えてきて驚いた。ここは赤瀬川原平を繰り返し読んでいた時だとか、吉田健一の『東京の昔』（筑摩書房、二〇一一年）に熱中していた頃だとか、漆原友紀の『蟲師』（講談社、二〇〇〇―〇八年）を読み込んでいた頃だというのが自分ではわかった。こんなことを書いたら、彼らの文体が乗り移ったとでも言うのか、図々しいにもほどがある、と大方の非難を浴びそうだが、そういうことでは全然なくて、もちろんそうであればどんなに素晴らしいことかと思うけれど、私にはどうあがいても無理なことはちゃんとわかっている。では具体的にどういうことかというと、自分では普段使わない単語や言い回しがひょろりと出たりするのだ。その程度のことです。それは大方ちぐはぐなものだから、泣きながら直した。直しながら、それは単に今読み込んでいる作家さんが使う言い回しに直しているだけのことにならないかと思ったりもしたが、それはもうどうにもならないことなので、あきらめた。

＊

本書の装画は、とり・みきさんに描いていただいた。どうもありがとうございました。研究で忙しい中、写真や図を改めて作成し、無償で提供してくださった研究者のみなさまに、心より感謝を申し上げます。編集者の小室まどかさんにはたいへんお世話になりました。『ＵＰ』誌と『眼科ケア』誌のスタッフのみなさま、ネタを提供してくださった家族や友人たち、どうもありがとうございました。

二〇二一年春

小林洋美

＊なお、本書は以下の科研費から援助を受けました。　19H04431 / 17KT0139 / 18H04200 / 17H06382 / 19H05591

引用文献

（1） Gomes, G. *et al.* (2018). Droplet bubbling evaporatively cools a blowfly. *Scientific Reports, 8*, Article number: 5464.
（2） Cai, Q. *et al.* (2019). Modulation of humor ratings of bad jokes by other people's laughter. *Current Biology, 29*, R663-R682.

目次

装画・題字・本文イラスト　とり・みき

＊本文中に登場する動画などのＵＲＬへは、各話タイトルページ右下のＱＲコードからアクセスできます。

I　論文の森の「イグ！」

シマシマ作戦

「これはイグ！っぽいな」「……イグ！だねえ」という会話がうちの食卓をにぎわすことがある。同業者どうしなので、たいていは最近読んだ論文の話だ。要するに「イグ・ノーベル賞を取りそうな論文」ということで、夫は一度本当に「当てた」ことがあって大きな顔をしていたが、私はまだない。それが悔しいからというわけではないのだが、東京大学出版会のPR誌『UP』で、「イグ！」な論文を紹介していく連載を始めることになりました。

横断歩道は道路に垂直に描かれているものだと思っていたが、一二度斜めのものが愛知県にあるらしい。なんでも斜めにしたら交通事故が半減したというのだ。一体どうやって思いついたのだろうか。横断歩道と言えば白黒の縞模様だが、それならシマウマだって負けてはいない。研究者たちはシマウマの縞模様に一五〇年以上も前から魅了され、その機能について議論し続けてきたのだから。白黒の縞模様は天敵の目をくらますのだ、社会的なやりとりに使われるのだ、白色と黒色部分の温度差により気流が生じ体温が下がるのだ、虫に刺されにくいのだ、と。どれもありそうだなあと思っていたが、「虫に刺されにくい」以外の可能性は、その後の研究によってだいぶ低くなったとCaro[1]らは言う。

シマウマが生息しているアフリカには、ツェツェバエやアブもいる[1]。針状の口吻《こうふん》で哺乳類を刺して吸血するのだ。厄介なことに、刺されるとアフリカ馬疫や馬インフルエンザなどの病気になることがあり、命にかかわることだってある。同所に生息している他の哺乳類、ヌーやアンテロープなどに比べて、シマウマの体毛は短く薄く、毛部分の厚みは二ミリに満たない[1]。一方、ツェツェバエやアブの針の長さは三ミリ以上あるので、シマウマは簡単に刺されてしまいそうなのだが、シマウマは他の哺乳類よりも病気にならないし、ツェツェバエの体液からもシマウマの血液は発見されにくいのだ[1]。これはシマシマ効果かもしれない。そこで、Caro[2]らはシマウマとウマの周りを飛ぶアブをビデオ撮影し分析した。すると、シマウマに近づく時のアブは、ウマの体にとまる時のようにスピードを落とすことができず、うまくとまれなかったのだ。ますますシマシマ効果かもしれない。しかし、もしかし

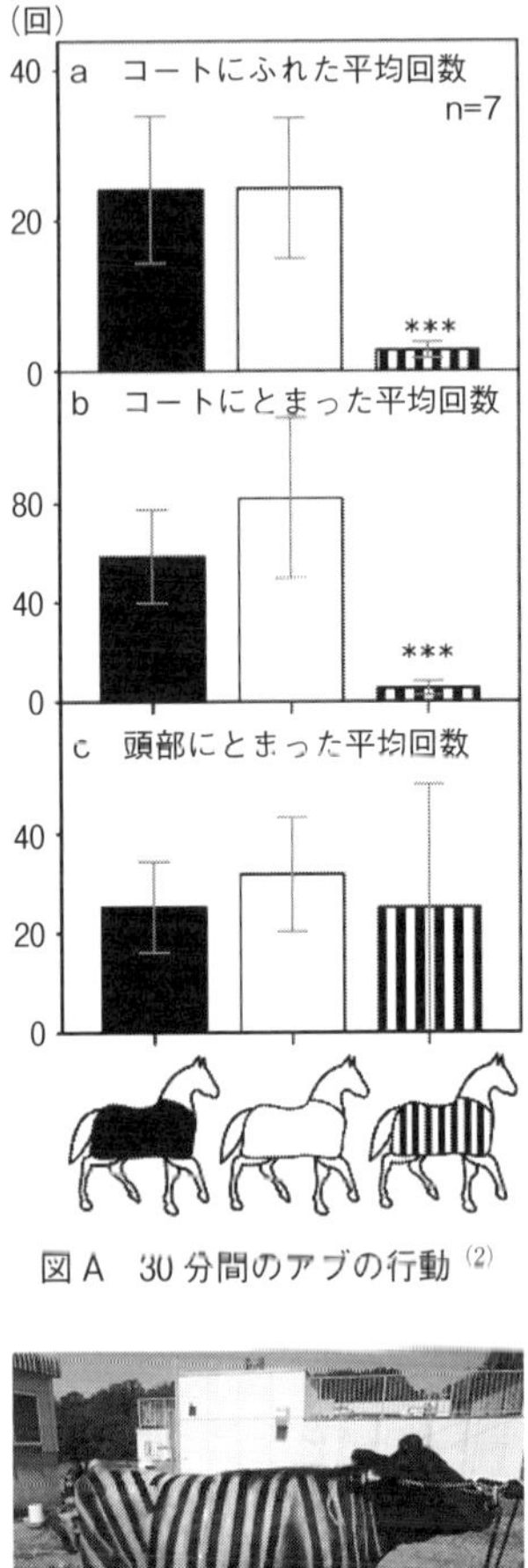

図A　30分間のアブの行動[2]

図B　白色塗料でシマシマ模様になった黒ウシ[3]

たらシマウマの体のにおいや動きのせいでとまれない可能性もある。そこで、黒色、白色、縞模様の三種類のコートをウマ七頭の体にかけ、アブの行動を三〇分間観察した（図A）。その結果、アブがコートのない頭部にとまった回数（c）には差がなかったのに、コートにふれたり（a）、コートにとまったり（b）した回数は、縞模様で大幅に少なかったのである。

突然ですが、図Bはウシです。Caroらの研究を参考に、Kojimaら[3]は、アブ対策として黒ウシに白色塗料で縞を描いたのだ。塗料のにおいが影響する可能性もあるので、別の黒ウシには黒色塗料で縞を書いた。すると、白色塗料で縞模様になった黒ウシにアブがとまった回数は、何もしていない黒ウシや黒色塗料の黒ウシの半分以下だったのだ。シマシマ効果、すごいなあ。

そう言えば、隣家のネコが縞模様なのだが、蚊に刺されにくいのだろうか。蚊もアブもツェツェバエも同じハエ目だから、可能性はゼロではないはずだ。観察しようかと思ったが、それならいっそ私が夏に縞模様のシャツを着るのはどうだ。しかしそうなると、コントロールで白か黒シャツを着た時に、蚊に刺されるのはイヤだなあ……あ、夫がいた。

引用文献

（1） Caro, T. *et al.* (2014). The function of zebra stripes. *Nature Communications, 5*, 3535.

（2） Caro, T. *et al.* (2019). Benefits of zebra stripes: Behaviour of tabanid flies around zebras and horses. *Plos One, 14(2)*, e0210831. doi: 10.1371/journal.pone.0210831

（3） Kojima, T. *et al.* (2019). Cows painted with zebra-like striping can avoid biting fly attack. *Plos One, 14(10)*, e0223447. doi: 10.1371/journal.pone.0223447

朝礼台の上には校長先生

小学一年生の頃、背の順に並ぶと前から二番目で、とてもやせていた。朝礼の時も背の順に並んで、一年生から六年生が校舎に向かって左から右に列を作る。朝礼が始まるまでの間、右のほうのずっと向こうに並んでいる六年生のお姉さんやお兄さんを眺めていた。数日前に担任の先生が「みなさんも六年生になったら……」と言っていたからだけれど、あんなに背の高い〝大人〟になるなんてどうしても信じられず、そうかなあとぼんやり見ていたのだ。朝礼が始まり前を見ると、校長先生が銀色の台の上で話をしていた。それが朝礼台というものだと知った頃には、なぜか「朝礼台には先生や生徒会長さんが上がるもの」で、小学一年生の私は乗ってはいけないと思い込んでいたように思う。

六年生になるとそれなりに背も伸び、なんと朝礼台に上がる日がやってきた。といっても生徒会長になったとか何か表彰されたとかでは全くない。東京からの転校生として朝礼で挨拶をするようにと、転校先の埼玉の校長先生に言われたからだ。その日は一〇月二二日で、パジャマからお気に入りの白いセーターと紺色のスカートに着替えていたら、その下にピンク色の毛糸のパンツをはくようにと母から言われたぐらい寒かった。吐く息も少しだけ白かったように思う。そうして人生初の、と言って

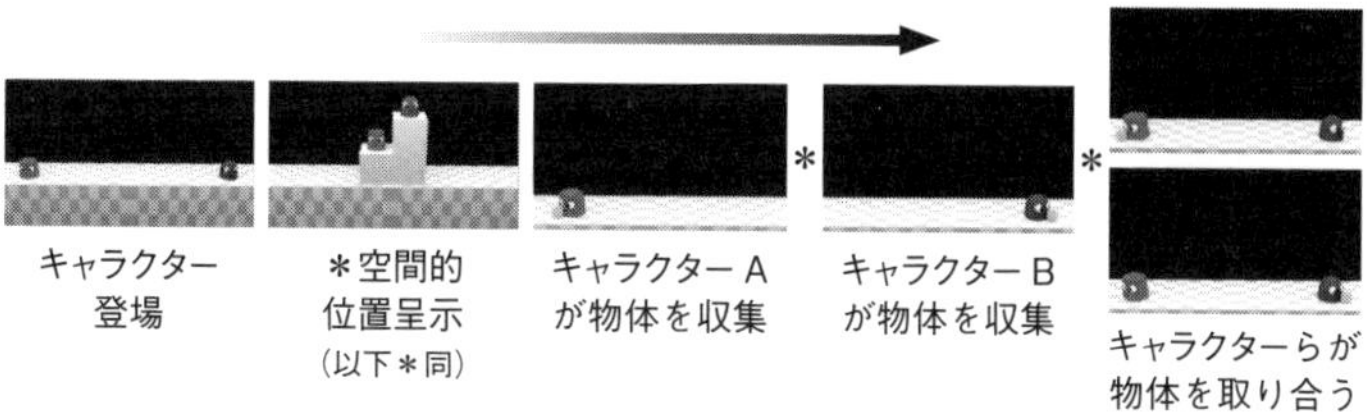

図　実験1に使用された動画の流れ（提供：Xianwei Meng）
https://royalsocietypublishing.org/doi/suppl/10.1098/rspb.2019.1674

も一一歳ですが、朝礼台に立ったのだ。緊張しつつ自己紹介をして、最後に「よろしくお願いします」と深々とお辞儀をした。何とか無事に終わったとホッとしたのだった。そのまま担任の先生に連れられて教室に入り、黒板の前に立っていると、どこからか「ピンク」というささやき声が聞こえてきた。……ぜんぜん無事じゃなかった！

それにしても、朝礼台には先生が上がるものだとなぜ思っていたのだろうか。Mengら[1]によれば、小学一年生どころか一歳児がすでに空間的位置と優位性関係とを結びつけているという。一二～一六カ月児に、キャラクターAとBが登場する動画が呈示された（図）。キャラクターAとBが画面の右と左に登場して、「ふんっ！」と言ってすぐに消える〈AとBは仲よしではなさそうだな〉。次に空間的位置を示す台に乗ったAとBがジャジャーン！という効果音とともに登場する〈三回も示されたら記憶できそうだ〉。その後、AあるいはBだけが現れ、上からコトコトン！と落ちてきた緑の物体を手に入れる〈AもBも緑の物体がほしいのだな〉。最後に緑の物体を真ん中にしてAとBが左右から出てきてにらみ合ったのち、どちらかが手に入れて動画が終わる〈AとBがとり合いをしているようだ〉。四つの山括弧〈〉内は私のつぶやきだが、その箇所の実験刺激のみごとさにうなったところでもある。

もしも乳児が「高いほうに乗っているB」と「優位」を結びつけているのなら、緑の物体を「低いほうのA」にとられる結末を見た時、その逆の結末よりも長い時間画面を注視するだろう。これは「期待違反法」という方法で、赤ちゃんを対象とした研究で広く使われている。そこで最後の場面の注視時間を比較したところ、低いAが緑の物体を手に入れた時の乳児の注視時間は、高いBが緑を手に入れた時の注視時間よりも有意に長かったのだ。キャラクターの色や形、台の形状などを変えても結果は同じだったので、「高いほう」が「低いほう」に負ける結末の時に画面を長い時間見続けたのは、「高いほうが優位であり、勝負に勝つだろう」という赤ちゃんの期待に反したことから生じた可能性が高いとMengらは考えている。

以前、友人Bと唐津城で待ち合わせをしたことがある。先に着いた友人Bは天守閣から私たちに手を振っていた。あとで、「地上を歩くみんなを見てたらさあ、『おぉ、下々の者たちよ！』って思ったんだよなあ」と言われた。Mengらの実験で、乳児は第三者としてキャラクターを眺めて彼らに優位性を当てはめたが、自分自身が上や下になった時にも同様な何かを感じるのだろうか。

引用文献

（1） Meng, X. *et al.* (2019). Space and rank: Infants expect agents in higher position to be socially dominant. *Proceedings of the Royal Society B, 286,* 20191674. doi: 10.1098/rspb.2019.1374

悲しい熱帯魚

目がさめると同時に「悲しい熱帯魚」という言葉が浮かんだ。隣の夫に試しに「悲しい熱帯魚ってWink の歌？　どんな曲だっけ？」とたずねてみたら、「何か愛がゆらゆらしてる歌だ！」とだけ答えて布団をかぶってしまった。起きしなの質問への答としてはまあまあの水準に達しているとは言えるが、さぞかし朝から迷惑なことだったろう。少しは反省しながら自分で調べたら、そもそもタイトルが違っていて、「悲しい」ではなく「淋しい熱帯魚」だった。三〇年前の記憶はいい加減だなと思いながら歌詞を読んでみると、好きな彼がいなくて私はプールで淋しくゆらゆら泳いでいる、というものだった。昨日読んでいた論文[1]も、熱帯魚のメスは好みのオスがいなくなって「落胆する」という内容だったのだ。どうやらこの二つは私の頭の中の同じひきだしに入ったようだ。

Laubu ら[1]は、コンビクトシクリッド（*Amatitlania siquia*）が性成熟して一歳になるまで、オスとメスを別々に育てた。コンビクトシクリッドは一夫一婦制で、メスは体の大きなオスを好む。メスを図の水槽の中央部分に入れ、両隣には他のメスがそれぞれ入っている状況で、フタを開ける訓練を行った。メスが水槽の奥の壁側にいる時に、まずはフタのない、餌の入った容器を手前の端に置いた。メ

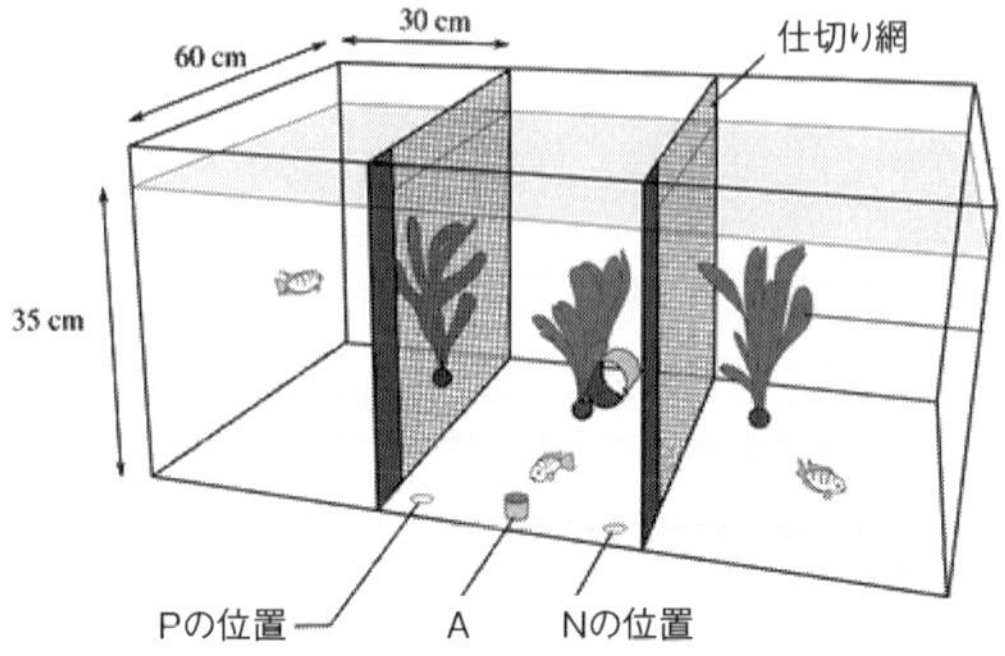

図　実験に使用された水槽(1)

スはすぐにやってきて餌を食べた。次にフタを半分閉じた状態、最後にフタを完全に閉じた状態で、容器を置いた。三五匹のメスたちはフタを開けることをすぐに学習したそうだ。この時、あるメスには「餌のある容器」は必ず水槽の右端に置かれフタは白色、別のメスには右端で黒色、また別のメスには左端で白色、さらに別のメスは左端で黒色とした。その後、いつもと逆側にいつもと違う色のフタの「餌のない容器」が置かれたのだ。メスがそれぞれのフタを開けるまでの時間を調べたところ、「餌のある容器Ｐ（Positive）」のフタを開けるまでの時間が、「餌のない容器Ｎ（Negative）」のフタを開けるまでの時間よりも有意に短かったので、メスは容器の位置（右端か左端）とフタの色（白か黒）と餌のあり／なしの関係を学習したことになる。容器の位置や蓋の色の影響はなかったそうだ。さて、ここで「灰色のフタをした不明な容器Ａ（Ambiguous）」が中央に置かれたらどうなるだろうか。このような多義性を持つ課題を呈示した時、動物が正の情動状態にあれば反応までの時間は短くなり、負の情動状態なら長くなるのだそうだ。この「判断バイアスパラダイム」を使って動物の情動状態を推測する。

ＰとＮを学習したメスの両側には、今も他のメスがそれぞれいる。この状態で、Ｐ、Ｎ、Ａ、Ｐ、

N、Pの順に容器が置かれた。分析にはA、P、Nが使用された。最後にPで終わることでメスのフタ開けのモチベーションが維持されるのだ。三五匹のメスは平均して約三五〇秒でA、約二〇〇秒でP、約八〇〇秒でNのフタを開けた（動画——https://www.youtube.com/watch?v=sEBWBbmOruY）。灰色のフタの容器に餌は入っていない。次に、両隣のメスをとり出し、オスを入れた。二匹のオスの体長の差は約一・五センチだ。オスの平均体長は六センチほどなので、この差はかなりなものだろう。メスは好みの大きいオスの前に、観察時間の七割も滞在したそうだ。この状態で再びフタ開け実験を行った。A、P、Nのフタを開けるまでの時間は先ほどと変わらず約三五〇秒、約二〇〇秒、約八〇〇秒だった。メスがオスと出会って二日後、オス二匹のうち一匹をとり除いたのち、フタ開け実験を行った。好みではないオスがとり除かれたメス一七匹のフタ開け時間は前回と同様だった。ところが、好みのオスがとり除かれたメス一八匹は、PとNのフタ開け時間は前回と変わらなかったのに、Aのフタ開け時間は平均約六〇〇秒と有意に長くなったのである。Laubuら[1]は、「好みのオスがいなくなってネガティブな情動状態になり、落胆してAのフタ開けに時間がかかった」と考えている。

この「悲しい熱帯魚」たちも水槽の中でゆらゆらと泳いでいたのだろうか。

引用文献

（1）Laubu, C. *et al.* (2019). Pair-bonding influences affective state in a monogamous fish species. *Proceedings of the Royal Society B, 286*, 20190760.

イカはエビが好き

健啖家に憧れるが、少食なほうだ。とはいえ、「一回当たりの食べる量が少ない」というにすぎないので、その分、頻繁に食べることになる。昼前に少し。おやつ時に少し。京都では「虫やしない」というらしい、そういうものを愛しているのだが、たまの外食でちょっと気張ったものを食べようという時に問題が生じる。夕方七時に予約しているのに、四時半頃におなかが空いて何か食べないわけにはいかなくなるのだが、そうすると夫が怒るのだ。ちゃんと空腹にして準備万端でテーブルなりカウンターなりにつくのが料理人さんへの礼儀だろう、どういう了見でこのタイミングでキットカットを食べているのか、と。言っていることはもっともなので反論するのも面倒なのだが、私のおなかはそういうふうに都合よくできていないので、多少腹も立つ。そんな時、「ああ、うちの夫はヨーロッパコウイカのようなやつだ」と、この論文[1]を読んでからは思うことにした（イカに失礼な気もするが）。

Billardら[1]はイギリス海峡の二カ所、フランスの北岸とイギリスの南岸から、ヨーロッパコウイカ（以下コウイカ）の卵を集めた。卵からかえったコウイカは、数種類の小型のエビやカニを与えられて育った。生後三〜六カ月になった頃、フランス北岸の集団から一九匹とイギリス南岸の集団から一〇

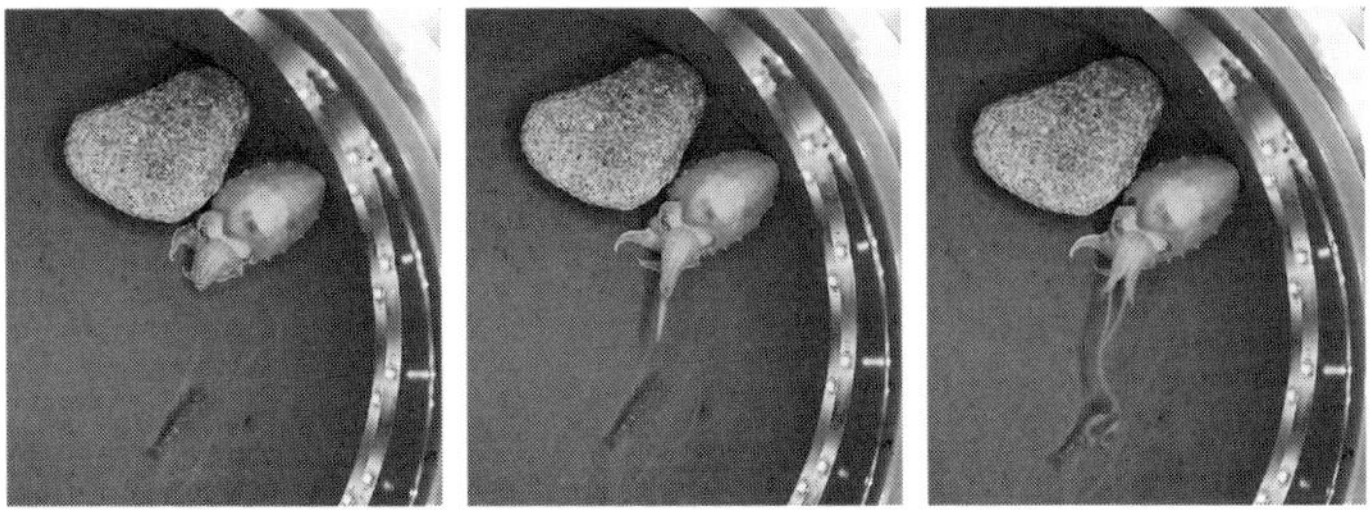

図　ヨーロッパコウイカが好物のエビを食べているところ（提供：Manon Peyrafort）

匹の計二九匹が実験に用いられた。まずは彼らの好物を調べるため、コウイカから等距離の場所に、同時にエビとカニを置く。毎日五回、五日間行ったところ、二九匹すべてがエビを選んだそうだ。コウイカは、エビが好きだったのだ（図）！　この予備実験の段階で（今回のタイトルにするほど）まいってしまうが、本題はこれからだ。

実験1では、すべての個体は毎朝カニを一匹与えられる。夕方には食べたカニの量が測定され、残っているカニはすべてとり除かれる。その後のコウイカたちは、夜になって、「常に一匹のエビを与えられる」条件1のグループと、「一匹のエビが与えられたり与えられなかったりする（一六日間で六回与えられた）」条件2のグループの二群に分けられた。一六日間に、それぞれのグループが食べたカニの量を比較したところ、条件1のコウイカがカニを食べた量は、条件2のコウイカよりも有意に少ないことがわかったのだ。一七日目に条件1と2とを入れ替えた。すると数日で、コウイカは新たな条件に適した食行動を示したのだ。つまり、毎晩エビを食べていたグループは、エビの供給が不確実になると以前より多くのカニを食べるようになり、もとはエビの供給が不確実だったグループは、毎晩エビが食べられるようになると以前ほどカニを食べなくなったと言える。
続く実験2では、夕方のエビが一日おきに与えられた。すると二〇日目頃から正確に、エビのある日はカニを少なく食べ、エビのない日はカニを多く食べたのだ。そこまでエビが好きだったか、コウイカよ。

前回の「悲しい熱帯魚」の、好みのオスがいなくなりがっかりするメスのコンビクトシクリッドのように、コウイカも、今日はエビがないという日はがっかりするのだろうか。なぜこんなことを考えているのかというと、エビのない日にもかかわらず、カニをほとんど食べないコウイカが二匹いたからだ。もちろん、学習できなかったのかもしれないし、単に少食なのかもしれないし、具合が悪かったのかもしれないが、もしかしたら「今日は晩御飯のエビがない！」とがっかりしてカニを食べなかったということだって、ないとは言えないだろう。そう思ってBillardさんに聞いてみたら、「情動とは関係ないわ。単に体が小さいから食べなかったの」と言われた。私は何だか淋しくなった。こんなに好きなエビを食べても、コウイカは「おいしい！」と思わないのだろうか。

引用文献

（1） Billard, P. *et al.* (2020). Cuttlefish show flexible and future-dependent foraging cognition. *Biology Letters*, *16*, 20190743. doi: 10.1098/rsbl.2019.0743

三五万年前の好奇心

ドラマ「科捜研の女」が小学生に人気だという。一九九九年の初回から二〇年見続けている私も、ファンと言えそうだ。以前、京都の知り合いの家が「科捜研の女」の殺害現場になったことがある。その家の玄関や階段、そして現場となった部屋が映し出されるたび、「次はうちでお願いします！福岡ですが」と祈ったことを思い出す（無理だ）。この時の犯人は美しいバイオリニストの女性で、勝手口に残された「ゲソ痕」が事件解明の手がかりになったように思う。「ゲソ痕」の「ゲソ」は下足のことだと、先ほど調べて知った。シャーロック・ホームズや名探偵ポワロにもゲソ痕は登場するが、大きさや動きなどの情報を持つ足跡は、探偵小説には欠かせない小道具なのだろう。私もゲソ痕を調査したことがある。ある朝、台所でゲソ痕を見つけたからだ。その大きさや形からイタチのものだと判断した。イタチが屋根裏を歩くのはいい。けれど台所は困るので、イタチの侵入口になりそうな、あちこちの隙間に小麦粉をまいた。次の朝、縁の下からの隙間の小麦粉に足跡があり、その先の階段や床にも白い足跡が点々と続いていたのだ。このイタチの足跡はもうないが、五〇年前、世界中の人が歓喜した（と言われている）、あの「第一歩」は今もある。一九六九年七月二〇日、アポロ一一号の着陸船が月の「静かの海」に降り立ち、ニール・アームストロング船長とバズ・オルドリン宇宙飛行士が月面をゆっくりと歩いたのだ。この時の彼らの足跡は、人類が月に憧れ、月にたどりつき、月を歩いた証拠として、今も静かの海に残っている。

図　悪魔の足跡[1]

　イタリア半島の中部から南部にかけて大型の火山がティレニア海に沿って並んでいる。古代ローマの博物学者プリニウスが犠牲になったベスビオ火山もこの南部に位置する。ベスビオ火山の北東六〇キロのところにはロッカモンフィーナ火山、そして「悪魔の足跡」[1]（図）があるのだ。ロッカモンフィーナの噴火直後、何百度もある地面の上を歩いてできた足跡だから、そんなことができるのは悪魔しかいないということで「悪魔の足跡」と呼ばれているのだそうだ。足跡のある火砕流堆積物の層は約三五万年前のもので、つまりこれらの足跡は化石なのである。今回新たに発見された足跡化石は一四個で、これまでのものと合わせると八一個（足跡七四＋他の部分の跡七）になり、残念ながら「悪魔」のものではない[2]。三五万年前のホモ属の足跡なのだ。ネアンデルタールかもしれないし、ホモ・ハイデルベルゲンシスかもしれない。種は特定できないらしいが、少なくとも五人分はあるという[2]。今回測定できた足のサイズは二二・六センチと二七センチで、大きいほうは成人男性と思われ、歩行速度は一秒間に約一メートルの通常の歩行で、右足・左足・右足・左足と四個の跡が西に向かって登っている。この地点から西に二キロ行くと、ロッカモンフィーナ火山のカルデラにつく。火山の噴火後、足で踏むとくぼむぐらいの温度だが通常の歩行ができるぐらいには冷えていた火砕流堆積物の上を、火口に向かって歩いていたと考えられることから、噴火後の山に魅了されて見物にやってきたのではないかとPanarelloら[2]は推測している。

八一個のホモ属の生痕化石には、足跡以外に、手、足首、ふくらはぎ、尻の跡まである[2]。「尻？」ということは、ぬかるみに足をとられて転んで尻や手をついたのだろうか。あるいは、それはとても寒い日で、「ここはぬっくいなあ」と座って暖をとっていたのだろうかと、あれこれ想像してしまう。こうして「ゲソ痕」に魅了されるのも、ホモ属が持っている好奇心の賜物なのかもしれない。

ホモ・サピエンスが「これはアームストロング船長の足跡だよ」と語り継いでいるように、「これは誰々の足跡だ」と三五万年前のホモ属も足跡を個体に帰属していたのだろうか。

引用文献

（1） Avanzini, M. *et al.* (2008). The devil's trails: Middle Pleistocene human footprints preserved in a volcanoclastic deposit of southern Italy. *Ichnos, 15*, 179–189.

（2） Panarello, A. *et al.* (2020). On the devil's tracks: Unexpected news from the Foresta ichnosite (Roccamonfina volcano, central Italy). *Journal of Quaternary Science, 2020*, 1–13.

みんな「のだめ」だった

茶碗蒸しを作った。義理の弟用に、一つだけ椎茸なしだ。その茶碗の位置を確かめるようにして蒸し器に入れた。二〇分ほどして見に行くと、なめらかでツヤツヤに蒸し上がっていて、早く食べたい！　と、その熱々をひょいひょいととり出していたら、すっかり弟のことを忘れてしまったのだ。思い出した時には、茶碗はすべてテーブルの上。しばらく眺めていたが、全くもってわからない。「ごめん、椎茸なしがどれかわからなくなった」と謝ったら、弟が「大丈夫です」と言って、茶碗のフタを一つひとつ開けてはにおいをかぎだした。いくつ目かで「これです」と言う。えっと、これはギャグ？　それとも私を気遣っている？　と推し量って返答に困っていたら、「ほんとうにこれですよ」とその茶碗を持って席についてしまったのだ。私だけではない、みなが弟の言葉をいぶかしんでいた。ところが、食べ始めると弟以外の茶碗にはすべて椎茸が入っていたのである。感嘆の声を上げながら弟の嗅覚をほめたたえた。けれども、そんなに椎茸が嫌いかという結論に終わった。

『のだめカンタービレ』（二ノ宮知子、講談社、二〇〇二～一〇年）の主人公の「のだめ（野田恵）」は変態という設定だ。彼女の部屋はゴミで埋まり、「ぎゃぼー」とか「ぼへー」といった奇声を発し、大好きな千秋先輩を盗撮し、こっそり彼の枕やシャツや靴のにおいをかぐ……変態だ（図）。ところが、アメリカの大学生一〇八人のアンケート調査で[1]、彼の着ていたシャツなどのにおいを意図的にかぐと答えた女子学生は八七パーセントにも達したのだ。彼女のにおいをかぐと答えた男子学生も五六パーセントと負けてない。ということは「のだめ」は変態じゃないのか？　逆に言えば、みんな変態？　興味深いのは、女性は彼がいない時に彼を思い出すためにかぐことが多く、男性は彼女がいる時ににおいをかぐことが多いことだ。彼のいない夜、「のだめ」のように彼の衣類と一緒に寝ると答えた女性は七二パーセントと割合が高かったが、男性は二六パーセントと低かった。McBurneyら[1]は、男性も女性も今ここにいない相手のにおいをかぐことで心地よく幸せな気分になり、特に女性は安心（安全）を得るのだろうという。

図　千秋先輩のシャツのにおいをかぐ「のだめ」（©二ノ宮知子／講談社）

「彼（彼女）のにおい」が重要なのか、単に相手の衣類があればいいのか、においなら誰のでもいいのか。そこで、Hoferら[2]は、三カ月以上つき合っている大学生のカップル一二〇組を集め、彼女らにTシャツを二枚渡した。七七人には、彼が二四時間着たものを一枚と新品を一枚、四〇人には彼が二四時間着たものを一枚と他の男性が着たものを一枚。Tシャツを枕カバーにして二晩ずつ寝てもらうのだ。手首に装着したアクチグラフィー（活動数をもとに睡眠／覚醒判定をする装置）で「睡眠時間」が計算された。参加者はベッドに入った時と朝目ざめた時にアクチグラフィーのボタンを押す。これによって計算されるのが「ベッド内滞在時間」だ。「睡眠時間」を「ベッド内滞在時間」で割った値を「睡眠効率」という。ベッドに入ったとたんに寝て、覚醒と同時にスッキリ目ざめ、寝返りなどの動きも少ないと睡眠効率が高く、よく眠れたということになるようだ。結果は、彼のシャツのほうが、新品や他の男性のシャツよりも睡眠効率が高かった。男性三八人に対しても、彼女の着たシャツと新品シャツを枕にして寝てもらったところ、こちらも彼女のシャツの時に睡眠効率が高かった。ところが実験終了後、どちらのシャツが彼（彼女）のものかをたずねたところ、正解は七割ほどで、参加者が信じた彼（彼女）のにおいと睡眠効率との関連はなかったのだ。つまり、彼（彼女）のにおいが存在すれば、たとえそれが彼（彼女）のにおいだとわからなくても、ぐっすり眠れたということになる。

参加者は、どのくらいよく眠れたか（睡眠の質）を、1（劣悪）～7（とてもよい）の数字で毎晩報告した。この睡眠の質は、彼（彼女）のシャツだと参加者が思った日に高くなったという。しかし、睡眠の質は睡眠効率とわずかに関連しただけだったので、彼（彼女）のシャツだという思い込みで、よく眠れたと思えたということのようだ。大学生たちが幸せカップルだということはよくわかったが、実際のにおいが重要なのか、思い込みが重要なのか、結局どちらなのかよくわからなくなってきた。

しかしそんなこと、幸せカップルにとってはどちらでもいいのだろう。

つき合って三カ月とか一年とかの若者カップルではなくて、長年連れ添った熟年カップルだったらどうなるのかと一瞬頭をよぎったが、こういうのを怖いもの見たさというのかもしれない。

引用文献

（1） McBurney, D. H. *et al.* (2006). Olfactory comfort: Smelling a partner's clothing during periods of separation. *Journal of Applied Social Psychology, 36*, 2325-2335.

（2） Hofer, M. K., & Chen, F. S. (2020). The scent of a good night's sleep: Olfactory cues of a romantic partner improve sleep efficiency. *Psychological Science, 31* (4), 449-459.

雨のにおい

何らかのきっかけで昔の記憶がよみがえる、という話をする時、必ずと言っていいほどマルセル・プルーストの長編小説の冒頭、紅茶とマドレーヌを口に入れた瞬間に子どもの頃の記憶がよみがえるという一節が引用されるが、「雨のにおい」で幼少期を思い出すことも多いような気がする。子どもの頃から、湿ったほこりっぽい雨のにおいが嫌いだったが、「そう言えば最近は、雨のにおいを感じない気がする」と夫に言ったら、歳のせいじゃないかと一蹴された。

数年前、シカゴ大学の若い研究者をお招きして、うちに泊まってもらったことがある。彼女はニューヨーク生まれで、ボストンで学位をとり、シカゴ在住。まぎれもない都会っ子である。博多で講演をしてもらった晩にうちに来たのだが、車から降りた彼女は深呼吸を一つして、「Country……」とつぶやいた。田舎のにおいがするという。たしかにうちは福岡の山の麓にある、みごとな田舎だ。彼女が感じたのは植物や土のにおいだろう。それは雨のにおいのもとでもある。ここに住んでから毎日当たり前に、晴天でも雨が降ってもやんでも常ににおっている。だから、ことさら雨のにおいとしては感じないのだ。断じて、歳のせいではない、はず。

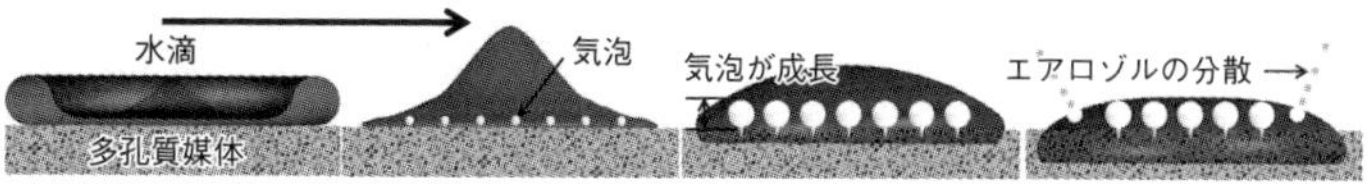

図　水滴が土壌に落ちてエアロゾルが形成される過程[1]

「雨のにおいは何のにおい?」という問いは、アリストテレスの頃からあった。さらに、「雨のにおいはどうやって空中にただようのか」も謎なのだ。Joung[1][2]らは、土の上に水滴を落とし、その様子を高速度カメラで撮影した。大学構内の土や、大学近くの海や川の土、そして市販の土など、二八種類の多孔質の土を使って六〇〇回もの実験をした結果、図のように、水滴が土に落ちて、ぺしゃんこになってから中央が盛り上がる。すると土と水滴の境界に気泡ができる。水が土に吸収されると、土の小孔に閉じ込められていた空気が排出されて気泡が大きくなり、それが水滴の表面に到達すると、破裂してエアロゾルが飛び散ることがわかった。この間、数十ミリ秒。水滴の落下速度や土の温度や湿り具合などで変化するそうだが、一粒の水滴から径一〇ミクロン(一ミクロン＝一〇〇〇分の一ミリ)以下のエアロゾルが一〇〇個以上も散るそうだ。さらに、土壌の物質や細菌はエアロゾルに内包されて飛び、この細菌は一時間も生きていたという。雨が降ると土のにおい成分や細菌がエアロゾルになって空中に舞う。これが雨のにおいなのだとJoungらは考えている。

　雨のにおいは単品ではないが、一方で代表的なにおいと言われているのが「ジオスミン(ゲオスミン)」だ。土壌のあちこちに存在し、カビに似たコロニーを作る放線菌のストレプトマイセス属が、芽胞を形成する際に、揮発性のジオスミンと2-メチルイソボルネオール(2-MIB)を生成する。「カビくさい!」というあのにおいで、雨が降ると空中にただようが、「なぜこんなにおいを出すのか」がこれまた謎なのだ。もしかしたら、このにおいにひきつけられる生物がいるのかもしれないと考えたBecher[3]らは、ストレプトマイセス属を餌にして野外に罠をしかけた。するとトビムシ（小型の節足動物）が捕まったのだ。そこで実験だ。触覚の受容体ににおい物質が結合すると、カルシウムイオンが細胞外部から内部に移動することで、化学的刺激が電気信号に変換される。これは触覚全体では先端と基部の間の電位変化としてとらえることができる。そこで、トビムシの触覚にジオスミンや2-ＭＩＢを吹きつけたところ、先端と基部間の電位が変化したのだ。トビムシは受容体を持っていたのである。

ストレプトマイセス属が生成するストレプトマイシンやカナマイシンなどの抗生物質は、動物によっては毒として働くが、トビムシは解毒できるらしく、ストレプトマイセス属を食べるのだ。トビムシがストレプトマイセス属のコロニーの一部を食べると、トビムシの体に芽胞がつく。さらに芽胞はトビムシに食べられても消化されず、どこか排泄された場所で新たなコロニーになる。

ストレプトマイセス属は、トビムシをにおいでおびき寄せ、乗り物にする。エアロゾルにも乗って遠くに飛んでいく。トビムシで地上を、エアロゾルで空中を移動する菌なのだ。

引用文献

（1） Joung, Y. S., & Buie, C. R.（2015）. Aerosol generation by raindrop impact on soil. *Nature Communications*, 6, 6083.
（2） Joung, Y. S. *et al.*（2017）. Bioaerosol generation by raindrops on soil. *Nature Communications*, 8, 14668.

（3） Becher, P. G. *et al.* (2020). Developmentally regulated volatiles geosmin and 2-methylisoborneol attract a soil arthropod to Streptomyces bacteria promoting spore dispersal. *Nature Microbiology*, 5, 821–829.

飛ばないトカゲ

夏、室内のヤモリを捕まえて外に出すのが日課になる。壁でじっとしているヤモリを、すばやく、けれどもそっと左手で押さえ、胴体部分をつかんで持ち上げる。とはいえ、四本の足の指先にあるパッド（ネコの肉球みたいな部位）はしっかりと壁に吸いついているので、そう簡単には引きはがせない。そこで、右手を使って一本ずつ足を持っては丁寧に壁からはがすのが私の流儀だが、この足が何とも愛おしい。ヤモリの壁に張りつく力は、ファン・デル・ワールス力だと聞いたことがある。遠い昔、化学で習ったあれだ。たしか、分子は部分的にプラスとマイナスに偏っているから、ある分子のプラスと別の分子のマイナス部分が引きつけ合う力、だったか。それがヤモリの指パッドが壁にくっつく力だと言われてもさっぱり理解できないが、小さい力だと思っていたファン・デル・ワールス力は結構大きな力なのだなあと、ヤモリをはがすたびにしみじみ感じる。

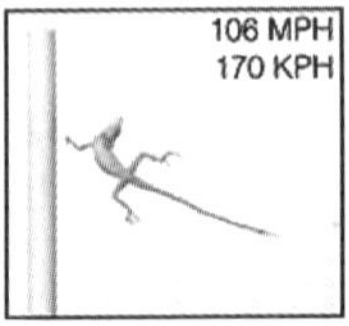

Irschickら[1]は、ヤモリやトカゲ一四種のパッドとしがみつき能力の関係を調べた。指先の爪の効果がなくなるように、つるつるの表面（ＯＨＰシートのよう

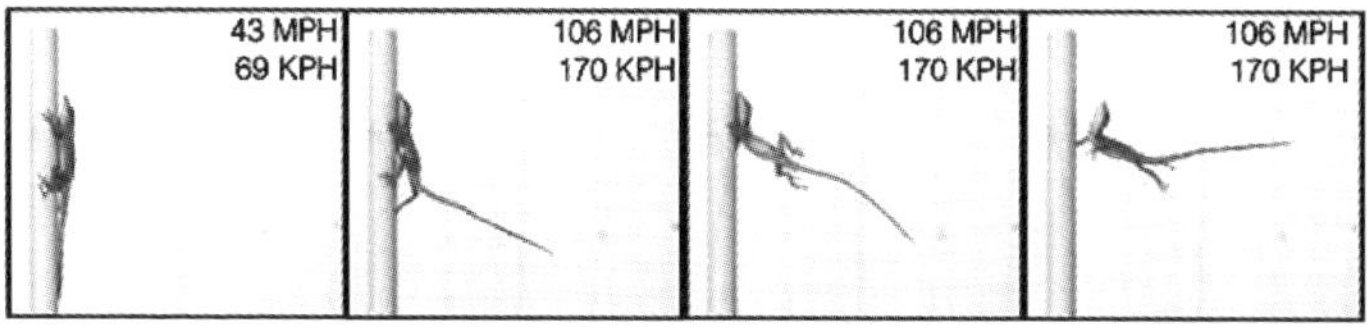

図　強風を受けたアノールトカゲ[2]

なもの）の板にトカゲやヤモリの前肢だけを乗せて、手で胴体を持ってズズーっと下に引きずる。するとトカゲの前肢がばんざいするように伸び、最後は板から離れる。この時の、パッドのしがみつきで歪んだ板の「ひずみ」を測定するのだ。その結果、体の大きさに比べてパッドが大きいと、しがみつき能力も大きいことがわかった。

風に吹き飛ばされているトカゲの図は、Donihueら[2]の実験だ（動画――https://www.youtube.com/watch?v=aKvKd1SozOc）。彼らはカリブ海域の小島で、アノールトカゲの一種、サザンバハマズアノール（*Anolis scriptus*：以下、サザン）の二つの個体群の調査をしている。二〇一七年の調査直後、たまたま二つのハリケーンが立て続けに上陸した。「ハリケーンによる影響や回復について調べるまたとない機会だ」と考え、ハリケーンが過ぎ去ったのち、Donihueらは島に戻り、生き残ったサザンを計測したのだ。二つの個体群とも、生き残り個体の体は小さく、体の大きさに比べて指先のパッドが大きく、前肢が長く、逆に後肢が短いことがわかった。この形態は枝にしがみつく能力と関係があるのかもしれないと考え、サザン四七匹に風を当て、観察した（図・動画）。風が強くなったら木の空洞や石の隙間などに隠れるという戦略も考えられそうだが、実際は風を受けても図のように枝から降りず、前肢を体の下にしまい込み、風に耐えていた。けれども後肢の大腿部は体からはみ出ているので、風が強くなると後肢から風に飛ばされ、平均風速七四ノット（一ノット＝時速約一・八キロ）でついに吹き飛ばされたそうだ。実験では飛ばされた先にはネットとクッションが置かれ、サザンは無事に解放された。指先のパッドが大きく、前肢が長く後肢が短く、体サイズが小さい個体は、強風に耐えられる形態なのかもしれず、ハリケーンという極端な気象が急速な自然淘汰を起こした初めての証拠かもしれない。

さらに一八カ月後、Donihueら[3]は再び島に戻った。トカゲの形態分布がハリケーン以前に戻るのか、あるいはハリケーン後のまま維持されるのかを調べるためだ。まず、ハリケーン後に誕生したサザンの指先のパッドを測定すると、大きいままだった。形質は維持されていたのだ。さらに、過去七〇年間のハリケーンデータから、カリブ海の島や沿岸地域への上陸の度合いと、アノールトカゲ一八八種およびブラウンアノール（*Anolis sagrei*）の一二個体群の指先パッドの大きさとの関係を調べたところ、ハリケーンが活発な場所に生息しているトカゲの指先のパッドは、そうでない地域のトカゲよりも大きかったのである。

「唯一生き残ることができるのは変化できる者である」とか、誰かが進化論の誤用をまき散らして開き直っているのを横目で見つつ、私はトカゲを見つめて考えたい。形態の多様性と環境要因（今回はハリケーン）との相互作用がもたらす変化。これこそが自然淘汰だなあ、と改めて思う。

引用文献

（1） Irschick, D. J. *et al.* (1996). A comparative analysis of clinging ability among pad-bearing lizards. *Biological Journal of the Linnean Society, 59*, 21–35.

（2） Donihue, C. M. *et al.* (2018). Hurricane-induced selection on the morphology of an island lizard. *Nature, 560*, 88–91.

（3） Donihue, C. M. *et al.* (2020). Hurricane effects on neotropical lizards span geographic and phylogenetic scales. *Proceedings of the National Academy of Sciences of the United States of America, 117(19)*, 10429–10434.

魚の卵は空を旅する

カボスの苗を庭に植えて五年になるというのに、花も咲かなければ実もならない。まだ葉も少ないし小さいのでしかたないのだが、それでもナミアゲハが卵を産みにやってくるので、毎日点検して、卵を見つけては指でつまみとる。卵は結構かたいのだ。そう言えば、恐竜の卵は元来やわらかかったらしい。湿気のある土中に埋めていたのだろうという。その後、石灰化したかたい殻になると、水分を保持でき、乾燥に強くなり、陸上で親が抱いてもつぶれなくなったのだそうだ。植物の種がかたいのも水分保持機能だろうか。鳥に果肉を食べられても種子はフンとして庭に落とされ、芽を出すのも、殻のかたさゆえなのだろうか。いつだったか、種をまいていないのに生えてきたのを「天道生え（てんとばえ）」というのだと近所のおばあちゃんたちに教えてもらった。福岡の方言らしい。(1)

玄界灘や瀬戸内海で同じ種類の魚が水揚げされても驚かないのは、海はつながっているからだ。それなら池はどうだろう。かつてつながっていたわけでもないあちこちの池に、同じ淡水魚がいたりするのはどうしてだろう。新たにできた池にも、いつのまにか魚たちが生息していたりするのはどうしてだろう。「自然発生説」が信じられていた一八世紀以前なら驚くようなことではないのだろうが、ルイ・パスツールが考案した「白鳥の首フラスコ」を使った実験以降、池に魚がやってくる方法として、チャールズ・ダーウィンやアルフレッド・ウォレスは、水鳥のくちばしや足や羽毛に魚の卵がくっついて、池から池へと移動するのだろうと考えていた。ところが、それから二〇〇年にわたって、この仮説には直接の検証や証拠がなかったらしい。「マガモの足にカマスの卵がついているのを見つけた」という逸話的な報告があるだけだ[2]。

ブラジル南部で調査をしていたSilvaら[2]は、ある日、カモハクチョウ（白鳥というところがパスツールを思い出させてちょっと感動した）のフンの中に、メダカ（アウストロレビアス属）の卵を一つ発見した。そのフンは草の上にあったものなので、排泄後に卵がついたとは考えにくい。メダカの卵は最初からフンの中にあったのだ。それはカモハクチョウの体内を通り抜けたことを意味する。にもかかわらず、卵はみごとに丸く美しかった（図）。残念なことに、フンを凍らせていたため、卵が生存可能だったかどうかはわからなかったが、Silvaらは、魚の卵も植物の種のように、水鳥たちの体を通って池から池へと運ばれているのかもしれないと考えた。

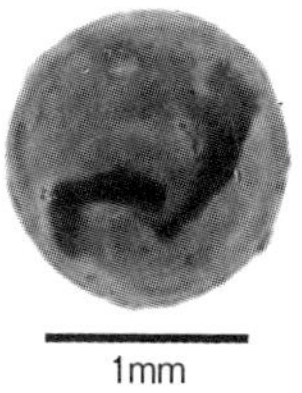

図　カモハクチョウのフンから初めて発見されたメダカの卵[2]

そこで実験だ。カモハクチョウ三羽にメダカの休眠期の卵六五〇個（*Austrolebias minuano* 三五〇個と *Cynopoecilus fulgens* 三〇〇個）を混ぜた餌を四時間与え、その後の排泄物を調べたところ、生存能力のある卵が、採餌後〇時間に二個、二〇時間に一個、四八時間に二個、全部で五個見つかった。これらを飼育したところ、四八時間後に排泄された一個の卵（*A. minuano*）がみごとにふ化したのである。他は真菌に感染してしまった。実験室環境での真菌感染はよくあることのようだ。食べ残した餌に残っていた卵は一一三個だったので、カモハクチョウが食べた五三七個中五個、つまり約一パーセントが生存能力のある卵として排泄されたことになる。仮に、カモハクチョウがメダカの卵を食べて、四八時間飛び続けたとしたら、優に二〇〇〇キロ以上移動する。カモハクチョウは日本にいないけれど、琵琶湖からなら洞爺湖まで往復できる距離だ。

とはいえ、Silvaらが使ったメダカの卵は、乾季を卵の状態で乗り切ることができる丈夫な卵だった。より「一般的」な魚の卵での検証が必要だと考えたLovas-Kissら[3]は、八羽のマガモに、八〇〇〇個のコイの卵（人工授精後の桑実胚期）を餌に混ぜて与えた。排泄されたフンから生存可能な卵が一二個見つかった。採餌後一時間以内に一一個、四〜六時間に一個だ。このうち三個がふ化に成功した。残りは真菌感染してしまった。ふ化した卵のうちの一個は、採餌後四〜六時間のものだった。六時間あれば、マガモは三六〇キロ移動できる。琵琶湖からだと中禅寺湖まで行けそうだ。

コイの卵の（ここでの）生存率は約〇・二パーセント。私は野球に詳しくないのだが、広島カープの打率とかそういう感じだろうかと思ってカープファンの夫にたずねたら、「ふざけんな」と激怒された（広島カープの二〇一九年平均打率は〇・二五四で、セ・リーグ第三位だそうです）。

引用文献

（1） Norell, M. A. *et al.* (2020). The first dinosaur egg was soft. *Nature, 583,* 406–410.

（2） Silva, G. G. *et al.* (2019). Killifish eggs can disperse via gut passage through waterfowl. *Ecology, 100(11)*, e02774.

（3） Lovas-Kiss, A. *et al.* (2020). Experimental evidence of dispersal of invasive cyprinid eggs inside migratory waterfowl. *Proceedings of the National Academy of Sciences of the United States of America, 117(27)*, 15397–15399.

お尻に目

玄関先にタカサゴユリがすうと伸びてきて、ちょうど私の腰ぐらいの高さになり、てっぺんに一対の白い花をつけた。酷暑の中でもすがすがしいものだなと思っていた数日後、夜もふけた頃に、翌朝回収のある宅配の通い箱を勝手口の前に置きに出たら、暗闇に白く浮かんだ「目」に肝をつぶした。「そうだユリだった」と次の瞬間には思い出して安心したのだが、「目」に見えた時は怖かったのに、「花」とわかった瞬間「ああきれいだ」に戻るのは不思議な感覚だった。

インドのスンダルバンス国立公園では、ベンガルトラが保護されている。保護の甲斐あって生息状況は改善したが、近隣の住人たちがトラに襲われることが激増してしまった。そこで、保護区の近くで仕事をする時は、後頭部にお面をつけるという方法でトラの被害を減らしているという[1]。トラはヒト（獲物）を背後から襲うのだ。

トラ以外にもライオンやヒョウも背後から獲物を襲う、待ち伏せタイプの狩りをする。ボツワナ北部カラハリ砂漠に、オカバンゴ・デルタがある。世界遺産だ。ここではライオンやヒョウが保護されているので、この近隣では家畜のウシが襲われるという。二〇一五年、ウシのお尻に目を描くことを

図Ａ　左から目を描いたお尻、クロスを描いたお尻、何もしていないお尻[3]

思いついたJordanら[2]は、予備実験として、農場のウシ六二頭中二三頭のお尻に目を描いた。三カ月後、目を描かれた二三頭は無事だったが、目を描かれなかった三九頭のうち三頭が犠牲になった。残念ながら統計的な差はなかったのだが、目が描かれたウシが襲われなかったのは事実らしい。そこで大々的な調査を行う準備をしているというところまでを、以前『モアイの白目』（「もしも、お尻に目があれば」）で紹介したが、先日ついに論文[3]が発表された。その実験頭数がすごい。四年間で六八三頭のウシに目を描き、五四三頭のウシにクロスを描き、八三五頭には何もしないという、まさに大がかりな調査をやってのけたのだ。一四の農場に協力してもらい、四九回の実験を行った。まず、一集団のウシを三つのグループ（図Ａ）に分け、アクリル絵の具を用いて目やクロスを描いた。目の輪郭の黒色と内側の白色用のスタンプを作成し、ウシのお尻に押したそうだ。体色の薄いウシには図のように描き、体色の濃いウシには白色のクロスを描き、目は内側の白色だけスタンプした。こうして目やクロスを目立たせた。アクリル絵の具の目やクロスが良好な状態で維持されたのは二四日間だったので、一回の実験はペイント後二四日までとした。さらに一週間ほどおいてから、次の実験を行ったそうだ。なるほど、四九回だと四年かかるわけだ。

その結果、目を描かれたウシは一頭も襲われなかった。クロスを描かれたウシ

図B 『ゴールデンカムイ』より
ニヴフの民話の一場面

は四頭ライオンに襲われ、処理なしのウシはライオンに一四頭、ヒョウに一頭襲われた。目を描かれたウシはクロスや処理なしのウシよりも有意に襲われにくかったのだ。さらに、クロスを描かれたウシは処理なしのウシよりも有意に襲われなかった。奇妙に目立つクロスや目がお尻にあることで、ライオンは狩りをやめたのではないか、さらにそれが目模様ならば、「獲物に見つかった＝狩りをやめる」と「だませた」ことでそのウシは襲われなかったのではないかと、Jordanらは考えている。「お尻に目」は、待ち伏せタイプの背後から襲う肉食獣には効果的なようだ。

先日、「これは研究上必読だから」とか言いながら夫が『ゴールデンカムイ』（野田サトル、集英社、二〇一五年〜）を買いこんでいたのだが、次の日、「すごいのがあった」と第二〇巻を渡された。付箋の部分に出てきたのは、「おばけ川」というニヴフの民話だった。「化け物が出るという川のほとりで、男は魚を焼いていた。遠くで声がして足音が近づいてきたので、服を脱ぎ、尻に焚き火の炭で大きな目を描き、化け物の来るほうに尻を向けて股下からのぞいた。すると化け物は逃げていった」という

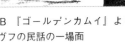

話だった（図B）。化け物も目が怖いのか！　というよりも、ちょうど今回の論文を紹介しようと思っていたところだったので驚いた。

肉食獣や化け物を駆除するのではなく、共存する方法としてお尻に目を描く。なんて素敵な方法だろう。

引用文献

（1）Simons, M.（1989）. Face masks fool the Bengal tigers. *The New York Times*.

（2）https://carnivorecoexistence.info/african-carnivore-research-conservation-eye-cow-project/

（3）Radford, C. *et al.*（2020）. Artificial eyespots on cattle reduce predation by large carnivores. *Communications Biology*, *3*, 430.

大脱出

イグ・ノーベル賞が発表された。「受賞論文を当てよう」という趣旨の連載ではなし、とはいえ紹介させていただいた論文が受賞していたら大きな顔をしたと思うが、そうならなかったのは少し残念だ。

魚の卵は水鳥に食べられても、フンと一緒に生存可能な状態で出てくることがあるという研究を以前紹介したが、「生きたまま腸まで届く乳酸菌」などと言われるように、小さい生物なら生きたまま排出されても驚かないと思う。実際、数ミリほどの小さな二枚貝や巻貝なども、魚に飲み込まれても生きた状態で出てくるようだ[1]。たとえば、コモチカワツボ（五ミリほどのカワニナに似た巻貝）はニジマスの体内で六時間生きられるという[1]。もちろん、最終的に生きた状態で排出されるのは全体の数割ほどで、魚に飲まれた貝は殻やフタを固く閉じ、あとは流れに身をゆだねるようだ。

図のマメガムシは体長四・九ミリで、田んぼや池に生息している水生甲虫である。そこにはトノサマガエルもたくさんいる。トノサマガエルはマメガムシの捕食者なのだ。Sugiura は[2]、トノサマガエル一五匹とマメガムシ一五匹で実験を行った。各トノサマガエルとマメガムシは一度だけ実験に使用された。お腹をすかせたトノサマガエル一五匹にマメガムシを一匹ずつ与えたところ、みな食べた。

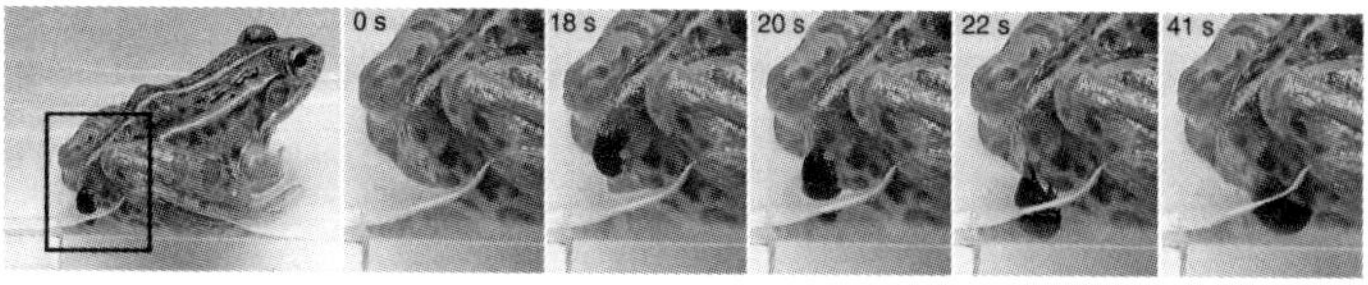

図　マメガムシがトノサマガエルの総排出腔から出てくる様子[2]

すると、食べられたマメガムシ一五匹中一四匹が平均一・六時間、長くても四時間以内でトノサマガエルのお尻の総排出腔から出てきたのである。しかも常に頭から出てきたのだ。他のカエルでも試したところ、ニホンアマガエル（一〇匹）、ダルマガエル（三匹）、ツチガエル（四匹）、そしてヌマガエル（八匹）、それぞれ一〇〇、六六・七、七五、八七・五パーセントの確率でマメガムシは脱出に成功した。生きて出られなかったマメガムシは、カエルに飲まれてから四八時間以上たった後、フンとなって排出された。他の甲虫も脱出できるか、同じガムシ科のキベリヒラタガムシ（一三匹）で実験したところ、すべてが生きては出られず、トノサマガエルに飲まれてから平均五〇時間でフンとなって排出された。小さい甲虫なら脱出できるというわけではないのだ。

脱出に成功したマメガムシは常に頭から出てくること、平均一・六時間で出てきたことを考えると、カエルの体内を自ら移動している可能性が高い。そこでSugiuraは、一五匹のマメガムシの足を接着剤で固定し、トノサマガエルに与えた。すると、すべてのマメガムシが生きては出られず、平均五八時間でフンとなって排出されたそうだ。

脱出は時間との勝負なのだ。カエルの口から食道→胃→小腸→大腸→肛門という長い道のりを、消化液で溶かされずに、速く移動してお尻から出てこなくてはならない。マメガムシは最速六分で（！）脱出したそうだ。さらに、マメガムシには翅の下に小さいエアポケットがあり、カエルの体内でも呼吸できるらしい。ちなみに、貝類も殻の内部に保持した空気で呼吸が可能だそうだ。

「ミクロの決死圏」（一九六六年のSF映画）は、医療チームがミクロ化し、体内に入り治療するという話だが、このミクロ化の制限時間は一時間だった。一時間以内に脱出しなくては全員死んでしまうという設定だ。最終的に彼らが脱出するのは「目」からで、まあ、映画でお尻はないだろうが、涙腺を刺激して涙と一緒に出てくるのだ。カエルの総排出腔ももよおさない限り開かないので、マメガムシはカエルの総排出腔の括約筋を刺激して排出口を開くよううながしているのではないかと、Sugiura は考えている。高確率での脱出成功は、マメガムシが能動的に脱出している証拠なのだ。

アラレちゃん（漫画『Dr. スランプ』の主人公）やアシㇼパさん（漫画『ゴールデンカムイ』の主人公）は、「フン」（アイヌ語ではオソマですね）を見つけると目を輝かせて観察する。フンの研究をついつい読んでしまう私も彼女らの仲間になれそうにも思ったが、庭で野良ネコのフンのにおいをかいだ瞬間、気づかなかったことにもできず、ため息が出るぐらいうれしくないので、道は厳しいのだった。

引用文献

（1）Brown, R. J. (2007). Freshwater mollusks survive fish gut passage. *Arctic, 60*, 124-128.

（2）Sugiura, S. (2020). Active escape of prey from predator vent via the digestive tract. *Current Biology, 30*, R841-R870.

時間の化石

気がつくと、庭のあちこちが掘り起こされていることがある。モグラだったりシロハラだったり、アナグマのことが多い。どうして目星がつくのかというと、現場を押さえたことがあるか、まれに足跡が残っているからだ。

韓国南部の晋州層から、白亜紀前期（一億一〇〇〇万年前）の後足だけの足跡化石が報告された[1]。体長三メートルのワニ類が二足歩行をしていた足跡だという。現生のたとえばアメリカワニは四足歩行で、左右の足跡は約八センチ離れているが、この白亜紀の足跡は左右の間隔がマイナス二センチ、つまり一方の足を他方の足の前に出して「モンローウォークのように」歩いていたらしい。新たな生痕種（生痕化石のみ知られている種）として、「*Batrachopus grandis*」と命名されたこのワニが歩く姿を（どうしたってマリリンと重ねながら）想像してもだえていたら、今度はウミユリの生痕化石が報告された[2]。ウニやヒトデと同じ棘皮動物とはいえ、海底に固着するウミユリの生痕化石とはどういうことかと論文を読んでみたら、Gorzelak らは、現生ウミユリは危険が迫ると腕を自切すること、切れた腕はトカゲのしっぽのように動き、海底に独特な放射状の模様を作ることを発見した。さらに、これと同じ模様が、米国ユタ州で発掘された三畳紀前期（二億五〇〇〇万年前）のウミユリ化石の周囲にあったのだ。自切してうごめいたウミユリの腕の生痕！　一体誰が食べようとしたのだろう？

と、騒いでいたら今度はヒトだ。米国ニューメキシコ州ホワイトサンズ国立公園で更新世後期（一万一〇〇〇年前）の一・五キロにも及ぶ足跡が見つかった[(3)]。石膏砂丘の土地はもろく、すでに露出していた足跡は崩れているため、新たに発掘した足跡をその場で撮影し、保存状態のよい九〇個の足跡を分析した。北に向かう足跡と南に向かう足跡が並んでいる（図）。これらが同一人物のものかどうか検討したBennettら[(3)]は、様々な解析手法を用いて足跡の輪郭や立体構造の分布を多角的に検討し

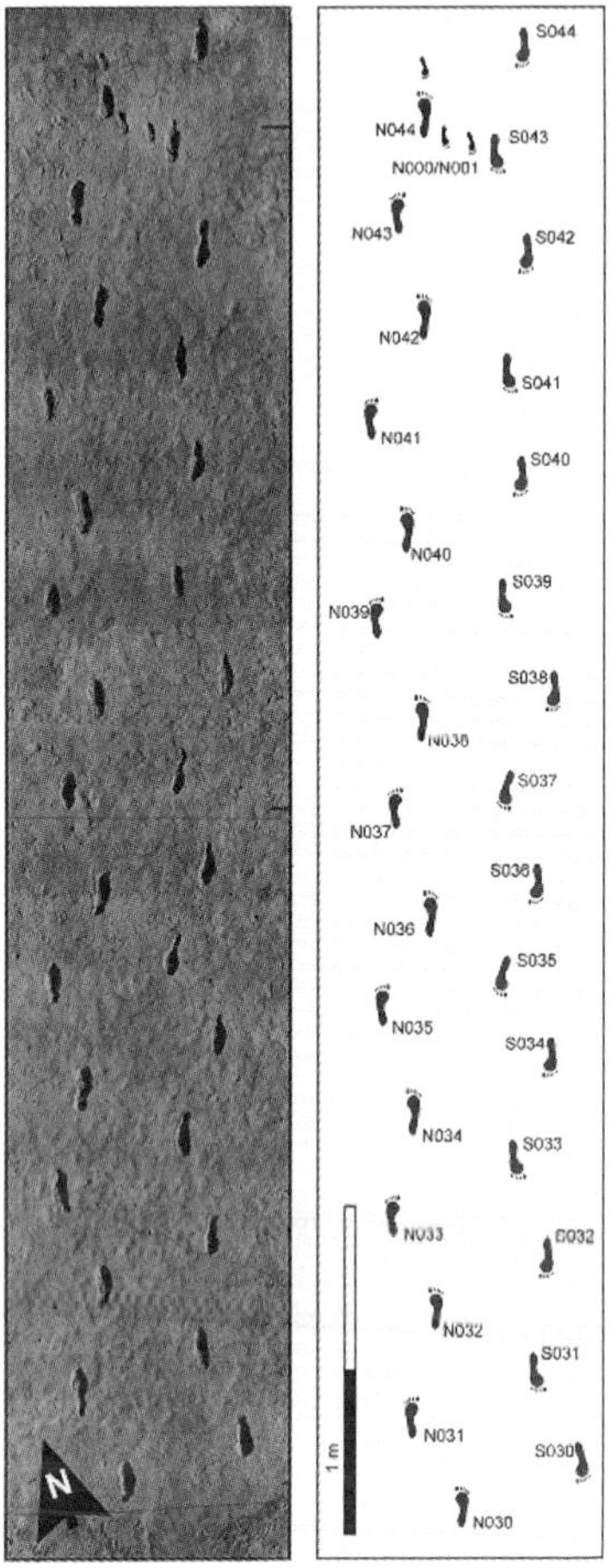

図　左の足跡は北に、右の足跡は南に向かっている[(3)]

た上で、DigTraceというソフトウェアで足跡の一致率を算出した。イギリス警察も同じソフトで解析をしていると言われたら気になる。さっそくDigTraceのウェブサイトに行った。画面に比較したい足跡画像を左右に表示して、指先や踵などの主要な部位を入力すると、一致率が算出される。よく刑事ドラマで「ゲソ痕、一致しました！」とか言っているのを、「そんなうまいこと行くもんか」と思っていたソフトが実在した上に、ここで知ることになるとは思わなかった。

足のサイズは二三〜二五センチ。男性なら一二〜一四歳の若者、一四歳で足の成長が終わる女性ならば一二〜一四歳以上だ。歩幅は全行程でほぼ一致していて、平均して北向きは毎秒一・七、南向きは一・六メートルと早足だ。南向きにくらべ、北向きは形が多様で頻繁に滑っている。さらに、北向きの左足跡は右足跡よりも長く前方が大きい。北向きの数カ所で三歳未満と見られる子どもの足跡（図上部）が見つかったことから、北向きの人物は子どもを左の腰に乗せるように抱いて早足で歩き、時折地面に下ろして抱き直していたようだ。北向きと南向きの足跡は別人物ではないが同一人物とも言い切れないという解析結果だったが、それは北向きでは子どもを抱いていたからで、同一人物である可能性が高くなった。さらには北向きの足跡を踏んで横切ったマンモスとオオナマケモノの足跡もあり、南向きの足跡はそれらを踏んでいたことから、この人物は、ぬかるんだ地面が乾くまでの数時間に子どもを抱いて北に向かった後、子どもなしで南に戻ったようだ。足跡が迷いなく一直線に続いていることから、慣れ知った目的地を目指し、肉食獣を警戒しながら早足で歩いたのだろう。オオナマケモノはヒトの足跡付近で歩き回り、後足だけの箇所もあることから、上体を起こしてヒトの存在やにおいを確認していたのではないか。一方、マンモスの足跡にはヒトを気にするような行動は見られなかったという。

はるか昔のワニが、ウミユリが、ヒトが、過ごした時間の経過を目の当たりにするというのは、何か呆然としてくる。

引用文献

（1） Kim, K. S. *et al.* (2020). Trackway evidence for large bipedal crocodylomorphs from the Cretaceous of Korea. *Scientific Reports, 10*, 8680.

（2） Gorzelak, P. *et al.* (2020). Experimental neoichnology of post-autotomy arm movements of sea lilies and possible evidence of thrashing behaviour in Triassic holocrinids. *Scientific Reports, 10*, 15147.

（3） Bennett, M. R. *et al.* (2020). Walking in mud: Remarkable Pleistocene human trackways from White Sands National Park (New Mexico). *Quaternary Science Reviews, 249*, 106610.

OH！ ガル

ここのところ頭の中を、沢田研二の「OH！ ギャル、ギャルギャルギャルギャルギャルギャール♪」という唄（阿久悠作詞「OH！ ギャル」）が脈絡もなく流れていて、どうしたことかと思っていたら、先ほど理由が判明した。カモメ（gull《ガル》）の論文をずっと読んでいたからだ。ヒトの情報処理っておもしろいですね。夫に言ったら、「君の脳は英語の発音が悪いんじゃないか」と言われたが、大きなお世話である。

札幌市の大学を舞台にした漫画『動物のお医者さん』（佐々木倫子、白泉社、一九八七〜九三年）で、主人公たちはお花見と称してキャンパスでジンギスカンをする。するとカラスがどこからか現れ、肉が焼けた頃に襲ってきたのだ（図A）。主人公の指導教官である漆原教授が大量の一味唐がらしをジンギスカンに振りかけ、カラスを撃退していたが、その後、肉がどうなったか、今ちょっと思い出せないのが残念だ。実際、北海道ではお花見にはジンギスカンで、カラスに肉を奪われるという。漆原教授は別としても、ヒトは鳥にとって簡単に食物を奪える、いいカモなのかもしれない。

英国のセグロカモメの個体数は一九六九〜二〇一五年の間に六〇パーセント減になったが、都会で

図A 『動物のお医者さん』よりジンギスカンをねらって集まるカラス

は増えているのだという[1]。都会のカモメは建物の屋上に巣を作り、公園、学校、ゴミ処理場などを餌場とする。公園のような緑地では早朝にミミズなどをついばんでいるようだが、学校やゴミ処理場で食べているのはヒトの食べ物だ。Speltら[2]が、学校の校庭でカモメ（ニシセグロカモメ、セグロカモメ、ユリカモメ）の個体数を調べたところ、平日、生徒が校庭で食事をとる時間にカモメが多数集まることがわかった。生徒の食べ物を狙っているのだ。それにしても、カモメたちは一体何を手がかりにして集まるのだろう。

　個体数が減少しているカモメを保護しつつ、ヒトとの衝突を避ける方法をGoumasら[1]は探している。英国南西部コーンウォールの沿岸の一三カ所の町で実験は行われた。

実験者はフライドポテト二五〇グラムを透明な袋に入れて地面に置き、三〇〇秒間しゃがんだ。「見つめる条件」では実験者はセグロカモメをじっと見つめ（図B上）、「目そらし条件」ではカモメから顔と目を六〇度そらし、カモメがポテトをつつくまでの時間を調べたのだ。両条件とも行えたのは七四羽中一九羽で、一九羽がポテトをつつくまでの時間は、「目そらし条件」よりも「見つめる条件」の時、有意に長かった。しかも、一九羽のうち六羽は「見つめる条件」では最後までポテトをつつかなかった。セグロカモメはヒトの視線のわずかな変化を敏感に察知するようだが、図B下を見ると、視線に敏感な個体とそうでない個体がいるようだ。

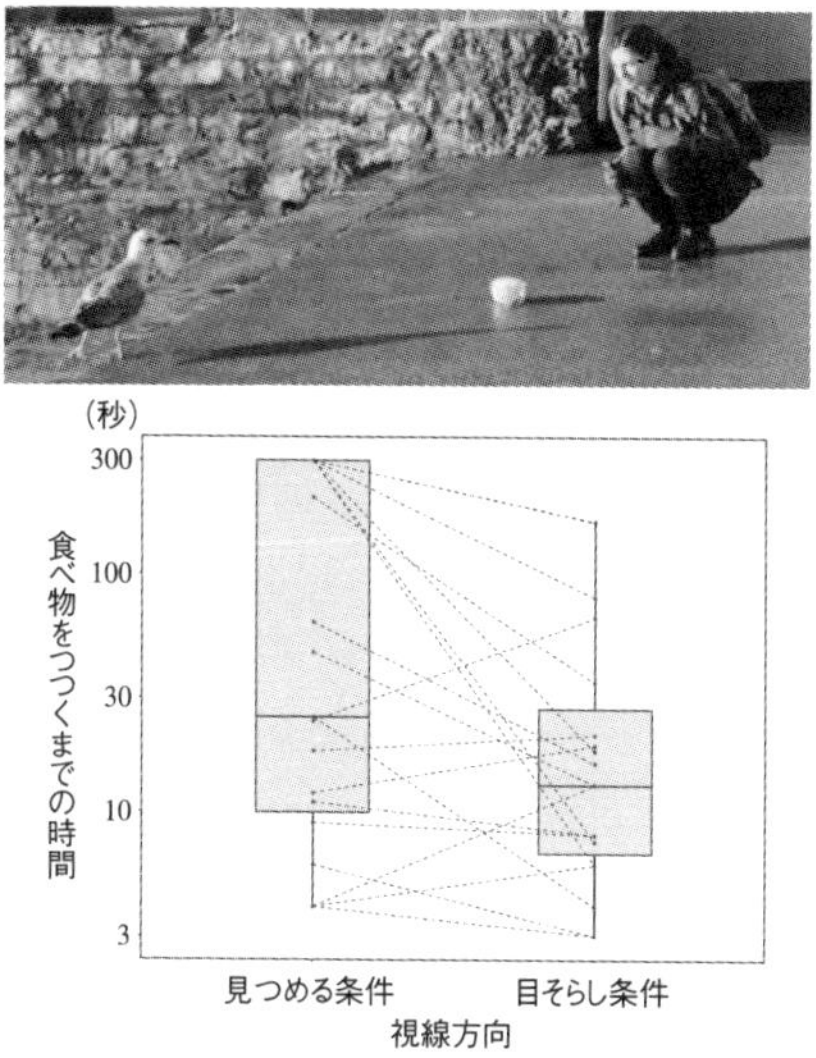

図B　見つめる条件（上）（提供：Madeleine Goumas）と実験の結果[1]（下）

続いて、透明な袋入りシリアルバー九〇グラムに、（カモメが持てないように）二五〇グラムの重りをつけたものを二つ用意し、カモメから見えないようにそれぞれを黒いバケツに入れた。実験者はサングラスをかけてカモメから目が見えないようにして、約八メートル先にカモメが来たら、しゃがんでバケツからシリアルバーをとり出し、地面に置いた。次にシリアルのどちらか一つを手にとり、立ち上がり、二〇秒間顔の前にかざしたりなどした後、地面に戻して実験者は後方にしりぞいた。すると、三八羽のうち二六羽が近づいてきて、二四羽がシリアルをつつき、しかも、そのうち一九羽は実験者が手にしたシリアルをつついたのだ。食べ物ではなく青いスポンジで行っても、カモメはスポンジに接近しつついたが、実験者が手にしたスポンジを選ぶという偏りは見られなかったという。カモメはヒトの近傍の目立つものに惹きつけられ、それが手にした食べ物であれば、より強い興味を持つのだろうと、Goumasら[3]は考えている。

セグロカモメは、同種や異種個体が獲得した餌を奪うという。セグロカモメにとって、ヒトもその延長なのだろう。「見つめる」という些細な行動で略奪を防げるのなら、それに越したことはない。

引用文献

（1） Goumas, M. *et al.* (2019). Herring gulls respond to human gaze direction. *Biology Letters, 15*, 20190405.

（2） Spelt, A. *et al.* (2021). Urban gulls adapt foraging schedule to human-activity patterns. *Ibis, 163(1)*, 274-282.

（3） Goumas, M. *et al.* (2020). Urban herring gulls use human behavioural cues to locate food. *Royal Society Open Science, 7(2)*, 191959.

フンフンフ〜ン

上野動物園で「ランラン」と「カンカン」を眺めていた関東出身の私にはよくわからないが、広島出身の夫の初パンダは北京動物園だったそうだ。上野より近いのだろうか。当時は土がむき出しだった運動場でゴロゴロしていたパンダは、体全体がすすけた茶色だったそうで、話を聞いていると本当にパンダだったのか、正直疑わしい。茶色いパンダと言えば、二〇〇五年にジャイアントパンダの亜種と認められたシンレイパンダ（*Aiuropoda melanoleuca qinlingensis*）だ。中国陝西省の秦嶺山にすみ、その多くは白黒だが、中には焦げ茶と淡い茶の個体もいるのだ。ちなみに、上野などのいわゆるジャイアントパンダは、亜種の中で最初に学名がつけられた基亜種（*Aiuropoda melanoleuca melanoleuca*）で、四川省と甘粛省の岷山にいる。

秦嶺山で調査していたZhouが[1]、二〇一四年の元旦に、Xiyueという名前（中国語で「幸福」という意味らしい）のシンレイパンダがウマのフンの山に転がっている様子を目撃し、ビデオに収めた（動画——https://www.pnas.org/content/suppl/2020/12/01/2004640117.DCSupplemental）。全身が茶色くなるぐらい、なんと顔まで、ウマのフンを塗りたくっていたのだ。この映像から六年、ウマのフンに転がる

図　ウマのフンを身体中に塗りつけるシンレイパンダ（提供：Wenliang Zhou）

（HMR: horse manure rolling）行動の謎を解き明かした論文が発表された[1]。

二〇一六年七月〜一七年六月まで秦嶺山にカメラを設置したところ、三八回の、オスやメスによるＨＭＲ行動が記録された（図）。においをかいでから転がるのだが、においをかいで立ち去ることもあったので調べてみると、転がる時は一〇日以内の新鮮なフンだったのだ。そこで新鮮なフンと古いフンの成分を比較したところ、新鮮なフンにだけ二種の精油成分（BCP: beta-caryophyllene と BCPO: beta-caryophyllene oxide）が含まれていた。これらは広く植物に存在する成分で、いい香り（？）がするのかもしれない。そこで、北京動物園のジャイアントパンダ六頭に、ウマのフンの山に似せた干し草の山を三個用意し、それぞれ「ＢＣＰとＢＣＰＯ」「脂肪酸」「水」を加えて置いたところ、ＢＣＰ／ＢＣＰＯを含んだ干し草に頻繁に近寄り、においをかいで体に塗りつけたそうだ。ウマのフンに含まれるＢＣＰ／ＢＣＰＯがＨＭＲ行動を引き起こすこと、さらにＨＭＲ行動はシンレイパンダだけではなくジャイアントパンダも行うことがわかったのである。

秦嶺山での一年間のビデオ解析から、ＨＭＲ行動は一一〜四月に行われ、気温が低いほどＨＭＲ行動が増え、二〇度を超えると見られなかった。そこで、三〇匹のマウスの足にＢＣＰ／ＢＣＰＯを塗り、他の三〇匹のマウスには食塩水を塗り、床の温度が一〇度と二八度の部屋に入れたところ、食塩水よりもＢＣＰ／ＢＣＰＯを塗られたマウスは二八度から一〇度の床に頻繁に移動し、その上に長い時間滞在した。次に、マウスの体全体に食塩水あるいはＢＣＰ／ＢＣＰＯを塗り、各五匹ずつ四度の部屋に入れたところ、食塩水のマウスたちは身を寄せ合って団子になっていたが、ＢＣＰ／ＢＣＰＯのマウスたちは個別に動き回っていたのだ。ＢＣＰ／ＢＣＰＯは温度感受性ＴＲＰ（transient receptor potential）チャネルによる低温知覚を阻害しているのかもしれないと、Zhou らは考えた。

ヒトには一一種の温度感受性ＴＲＰチャネルがあり、それぞれ固有の温度受容域を持っている。たとえば、ＴＲＰＶ1は四二度以上あるいはカプサイシンなどで、ＴＲＰＭ8は二五度以下あるいはメントールなどで活性化される。それでカプサイシンは熱く、メントールは冷たく感じるのだ。パンダやマウスにもＴＲＰＭ8が表皮下に存在する。Zhou らはＢＰＣ／ＢＰＣＯがＴＲＰＭ8の低温活性と化学的活性の両方を阻害することをつきとめ、冬眠しないパンダは、寒さを軽減するためにウマのフンを塗っているのかもしれないと考えている。

秦嶺山に野生のウマはいない。しかし、数千年前から長安と蜀漢を結ぶ交易路がある。ヒトに連れられたウマが排泄したフンと、パンダは頻繁に遭遇していたのだろうが、それを体に塗るようになった経緯はまだわかっていない。

うちの近所の馬術練習場に時々、「馬フンあります。無料」という看板が出る。それを見るたびに

「フンフンフ〜ン」（吉永小百合「奈良の春日野」）と歌いながら、ただ通り過ぎていたけれど、論文を読み終えた今、直接眺めてにおいを確認してみたい。何ならちょっとふれてもみたい。

引用文献

（1） Zhou, W. *et al.* (2020). Why wild giant pandas frequently roll in horse manure. *Proceedings of the National Academy of Sciences, 117(51)*, 32493-32498.

よじ登るヘビ

毎年とまでは行かないが、二、三年ごと、庭先の雨どいからヘビの抜け殻がぶら下がっている。一度回収して測ってみたら、一・八メートルあってびっくりした。なぜこんなところにと最初は思ったが、別の折に、庭掃除中、ヘビが庭木を伝って屋根に上がっていく様子を見かけて、そういうことかと思った。サルのような器用な手も、ネコのような鋭い爪もないのに、ヘビは木に登るのだ。この家に住んでまもない夏場、夫が近所の神社を通り抜けて帰ってきた時に、ヘビが三匹連続で木からぼたぼた落ちてきたそうで、「木の下は気をつけたほうがいい」と言っていた。それ以来、木の下は避けて歩いていたのだが、ある日、屋根裏部屋を掃除していたら、はりから巨大なヘビが落ちてきた。木の下だけじゃないのか。あわてて逃げ出したが、その後、屋根裏部屋には入っていない。もしかしたら、あの抜け殻は屋根裏のヘビのものかもしれないが、特に確認するつもりはない（嫌だ）。

ミナミオオガシラ（*Boiga irregularis*）は、オーストラリアやパプアニューギニアなどにすむ樹上性で夜行性のヘビで、鳥やトカゲ、小型の哺乳類を捕食する。第二次世界大戦後、ヘビのいなかったグアム島にミナミオオガシラが人為的に持ち込まれてしまい、グアムの鳥や小型哺乳類の個体数が激減

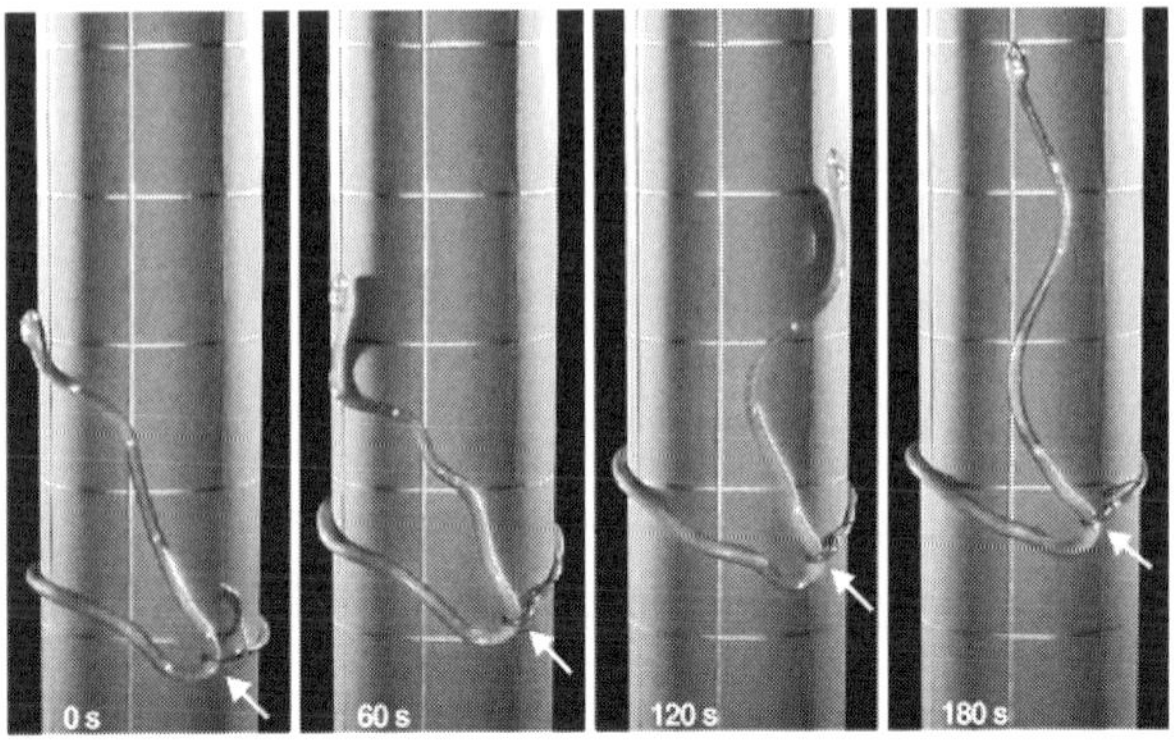

図　ミナミオオガシラが円柱を登る様子[2]

動画――https://www.sciencedirect.com/science/article/pii/S0006082220317632

しているという。グアムの動物たちはヘビに慣れていないから、簡単に食べられてしまうのだ。ヘビと共存してきたオーストラリアのムクドリ（オナガテリカラスモドキ）は、開けたところに立っている、なめらかな木肌の、下のほうに枝のない、幹の太い背の高い木、つまりヘビが登れない木に営巣する。[1] そこで、Savidgeら[2]はグアム島の鳥を保護しようと、金属製の円柱の管（直径二〇センチ長さ九一センチほど）の上に巣箱を設置することを思いついた。ヘビが円柱状の管を登る時、通常は体を管に二回りさせて、体の二カ所で円柱をつかまなくてはならない。つかんでいる一方で体を支えつつ、もう一方をいったん離して、スライドさせて少し上をつかむ、これを交互に繰り返して登るからだ。ミナミオオガシラは体長一三〇センチほどなので、直径二〇センチの管なら円周が六〇センチ以上となり、体を二回りさせて登ることは無理だろうと考えたようだ。とにかく実験して確かめようと、二〇一六年に円柱管の上にネズミを置き、その下の地面に、捕獲したミナミオオガシラを一匹放した。ヘビは夜活動するので、赤外線カメラを設置し、一〇秒に一枚写真を撮るタイムラプス動画で撮影したところ、なんと五八匹中九匹が登ったのだ！　タイムラプス動画では詳しい動きがわからないので、二〇一九年に今度は四台の赤外線ビデオカメラで撮影したところ、一五匹中五匹の管登りがみごとに撮影された（図）。尾の先をひょいと投げるようにして円柱に一回りさせて胴体に引っかけ、その体勢でなぜか登れている。初めて見るヘビの木登り方法に Savidge らは驚き、その見た目が似ているからだと思うが、「lasso locomotion（投げなわ移動）」と名づけた。しかし、投げなわ移動は驚くほどゆっくりだった。上昇時のみの速度が一秒で〇・四センチ。ところが頻繁に休んだりずり落ちたりするので、管全体を登る速度はさらに遅く、一分で二センチほどにしかならず、休憩中の激しい息づかいからも、投げなわ移動は相当な体力を要すると思われる。それでも頭部を常に頂上に向けて黙々と登り続ける姿を見ていたら、なぜだか感動してしまった。

ミナミオオガシラの投げなわ移動が、昔どこかで見たロープ一本で木に登る枝打ち職人さんの姿に似ているよねと夫に話したら、「あ、タカスギ～のCMね」とよくわからない節回しで歌いだした。調べてみたら、中国地方と熊本だけで流れていたローカルCMだった（YouTube でご覧になれます）。そんなの私が知るはずもないのだが、「リーガルハイ」（テレビドラマ）で、新垣結衣演じる黛真知子が当たり前のように歌いだす「徳松醤油」のCMを「知るか！」と言い捨てる、堺雅人演じる古美門研介になったようでうれしかった。ヘビもヒトも、住まう場所が変わるといろいろなことがあるものだ。

引用文献

（1） Natusch, D. J. D. *et al.* (2017). Safety first: Terrestrial predators drive selection of highly specific nesting sites in colonial-breeding birds. *Journal of Avian Biology, 48*, 1104–1113.

（2） Savidge, J. A. *et al.* (2021). Lasso locomotion expands the climbing repertoire of snakes. *Current Biology, 31(1)*, PR7–R8.

「だって寒いんだもの」……だけじゃない

院生として通っていた東工大のキャンパスに、ワカケホンセイインコの寝ぐらがあった。七〇〇羽にもなる大集団だったので、寝ぐらの木の下を歩かないようにはしていたが、たまに眺めに行って、中に数羽だけまぎれているダルマインコを見つけては、レアキャラ扱いして喜んでいた。二種のインコの外見は似ているけれども、それにしてもなぜ一緒にいるのだろう。そんな話をしたら、「そりゃ志ん生の『厩火事』のマクラだな」とうれしそうに夫が言うので、ＣＤ棚を探って聴き直してみたら、ろくでもない旦那と一緒にいる妻に、近所の人が「どうして一緒になってんのさ?」と訊いた答えが、「だって寒いんだもの」だった。古今亭志ん生の声色に乗ると、この台詞がたまらなくいい。

「寒いから一緒になる」と言えば猿団子だ。Ishizuka[1]は、二〇一七年一二月に小豆島の銚子渓でニホンザルの猿団子を観察し、写真に収めた。調査した群は一五〇頭からなり、大人オスは六頭、大人メスは八〇頭だ。この性比に驚いたが、成長したオスは生まれた群れから出ていくからだろう。しかし、他の群れから入って来ないのだろうか。群れを離れたオスはどうしているのだろう、などと思いながら、図の猿団子を眺めていたら、団子中央がオスだとは聞いていたが、その周りがすべてメスに

図　小豆島銚子渓のニホンザルによる猿団子（提供：Shintaro Ishizuka）

見えてきた。写真を提供していただいた石塚さんに確認したところ、中央で右を向いている少し大きい個体が順位の高いオスで、それ以外はメスだという……ほとんど単雄複雌群だ。

図のような猿団子写真一〇〇枚から、オスの順位と、団子時に接触していた他個体の数、さらに団子内の位置を調べたところ、第六位のオスは一度も団子に参加していなかったこと、それ以外のオスは順位が高いほど接触個体数が多く、団子の内側にいる頻度が高かったことが明らかとなった。順位の高いオスほど暖かい思いをしているようだ。そうすると、順位の高いオスはメスに好まれて中央にいるのか、それともメスはオスが恐ろしくて拒むことができずにしかたなく隣にいるのか、どちらなのだろうと気になるが、順位の高いオスが団子の内側に割り込む様子が何度か観察されたそうなので、オスが中央にいるからといって、必ずしもメスにモテているのではないらしい。

寒さをしのいで仲間と寄り集まるのは、毛皮や羽毛のある動物だけではない。ヘビも仲間同士で集まり、団子になる。Skinnerら[2]は、イースタンガーターヘビのメス四匹から生まれた四〇匹を、一〇匹ずつの四群にして実験を行った。四群のうち三つは一匹のメスから生まれた兄弟姉妹群だが、残り一つは三匹のメスの子どもからなる混合群である。実験時の月齢は群で異なり、生後六、七、八、九カ月だった。三五・六センチの高さの壁を持つ、床面積七三・七平方センチの部屋に、一群が離された。部屋には四個の黒いプラスチックの箱（シェルター）が置かれている。一〇匹で四箱なので、複数匹で箱を使わなくてはならないことになる。ランダムに集まって使用するのか、あるいは特定の相手と使用するのかを調べようというのだ。室温は快適で、水も餌も十分与えられたので、そもそも団子になる必要はなさそうなのだが、イースタンガーターヘビは寄り集まって箱に入っていたそうだ（動画——https://www.youtube.com/watch?v=A6UVfIg6hAE&feature=emb_logo）。一日に二度、部屋からヘビをすべて出し、部屋や箱を掃除したのち、再びヘビを戻す。これを八日間繰り返し、朝七時から夜七時まで五秒ごとに写真撮影した。その結果、ヘビは観察時間の九四パーセントを箱の中で過ごし、すでに多くのヘビがいる箱に好んで滞在すること、しかも、掃除前に一緒にいた個体や集団と、掃除後再び一緒に箱に入っていることがわかった。同腹の影響も、性の影響もなかった。実験部屋は暖かく餌もあり、もちろん敵だっていない。それでも特定の相手と一緒に団子になるのはどうしてだろう。

志ん生の「だって寒いんだもの」は、そこに「寒いんだもの」以上のことがにじんでいるから暖かく笑えるのだ。私たちが抱く親しさや友情といったものの進化や起源を、そこに含まれる戦略や利己性も込みで考える時に、サルやヘビに思いをはせてみるのも、それはそれで暖かい気分になってくる。

引用文献

（1） Ishizuka, S.（2021）. Do dominant monkeys gain more warmth? Number of physical contacts and spatial positions in huddles for male Japanese macaques in relation to dominance rank. *Behavioural Processes*, 5, 104317.

（2） Skinner, M. *et al.*（2020）. Aggregation and social interaction in garter snakes（*Thamnophis sirtalis sirtalis*）. *Behavioral Ecology and Sociobiology*, 74, 51.

Is fish selfish?

この一年ほどで、パンを焼くのが多少うまくなった気がする。使い始めた酵母のストライクゾーンが広く、私には相性がいいようなのだ。夫は夫で、「最近、料理の精度が上がった気がする」と言って、オンライン会議と会議の合間に台所に走って、いそいそと低温調理器をセットしたりしている。私が焼いたパンも夫が仕込んだ夕食も、どちらか一人で食べるわけではもちろんないので、技量の向上はお互いにありがたいが、かといって、「相手へのサービス」として料理をしているわけでもない。

「人類の思いやりの起源はサカナまでさかのぼる⁉」というプレスリリースがあった、Satoh らの論文[1]を読んだ。中米原産のコンビクトシクリッドは一夫一婦制で、なわばりの維持、卵や仔魚の保護、幼魚への給餌などをつがいで行い、他個体はオスでもメスでも侵入個体と見なして攻撃するという。このような特徴を持つコンビクトシクリッドで、向社会的選択課題（prosocial choice task: PCT）を行ったのだ。図左の実験個体のオスは、二つの部屋のどちらかを選んで餌を食べることができる。二つの部屋の扉には、実験個体が部屋を見分けやすいように青色の丸や赤色の三角といった図形が呈示されている。たとえば、図の左上にある青丸の部屋の餌を食べると、右上のように隣の水槽の魚にも同

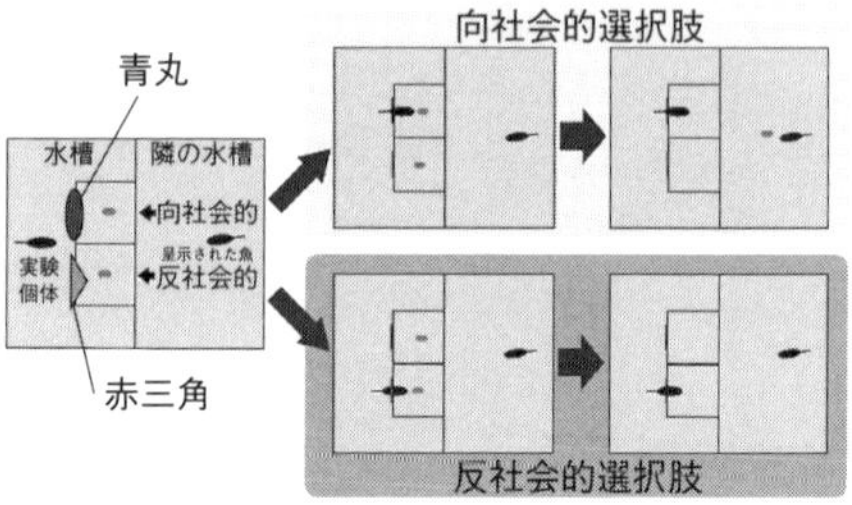

図　向社会的選択課題（PCT）[1]

じ餌が与えられるが、図の左下の赤三角の部屋の餌を食べると、右下のように隣の水槽の魚には餌が与えられない。このような青丸の餌を「向社会的選択肢」、赤三角の餌を「反社会的選択肢」と呼び、この課題をＰＣＴというようだ。

訓練を経て、二つの部屋に餌が置かれると、オスはすぐにどちらかの扉の前に来て待つようになった。そうすれば実験者がその部屋の扉を開くことを学習したからだ。訓練では扉に図形はなかったが、実験が開始されるとそれぞれの部屋の扉に記号が呈示された。オスは記号を初めて見た。さらに、隣の水槽につがいのメスが入れられた。オスは、自分が餌を食べた後に隣のメスに餌が与えられたり与えられなかったりという状況を初めて体験した。これを一〇日間、毎日九時、一三時、一六時の三回、一回につき餌は三度与えられた結果、四日目から向社会的選択肢を有意に選ぶようになったそうだ。論文を書いた佐藤さんによると、自然界ではコンビクトシクリッドのオスによるメスへの給餌行動は報告されていないそうなので、今回の結果は驚くべきことなのだ。幼魚に給餌をする性質が、メスへの給餌に結びついたのかもしれない。次に、隣の水槽は空のままで、新たな記号を使って、他は同様に一〇日間行ったところ、オスの選択に偏りは見られなかったという。実験中、つがいのメスが隣の水槽にいる条件以外では、オスはつがいのメスに会えないので、つがいの関係が続いているかの確認として、一〇日間の実験が終了するたびに、オスとメスは一カ月ともに過ごすのだそうだ。その後、次の実験に進む。

見知らぬオスを隣の水槽に入れたら、実験個体のオスは有意に「反社会的選択肢」を選んだが、見知らぬメスを隣の水槽に入れたら、「向社会的選択肢」を有意に選んだ。そこで、実験個体のオスから見えるところにつがいのメスを置き、見知らぬメスでの実験を行うと、「反社会的選択肢」を有意に選んだのである。基本的につがいのオスメスにとって、見知らぬオスもメスもなわばりに侵入した敵だ。ところが、つがいのメスがいなくなってしまったことで、見知らぬメスへのオスの選択が変化した。見知らぬメスにオスが「向社会的選択肢」を選ぶようになるまでの日数は、つがいのメスの時よりも長く、七日ほどかかっている。この間、オスに何が起こったのだろう。つがいのメスがいないため、見知らぬメスを未来のつがい相手の候補と見なしたのかもしれないと、Satohらは考えている。

「向社会的選択」は「思いやり」、「繁殖成功度を上げる選択」は「利己的」ととれるかもしれない。しかし、われわれが見ているのは同じ行動なのだ。同じ行動をヒトなら前者、魚（も含むヒト以外）なら後者と解釈してしまいがちだが、個人的にはどうも苦手である。「料理は愛情」ということばが大嫌いな料理人さんを存じ上げているが、実際にはそういう人の料理のほうがおいしいのである。

引用文献

（1） Satoh, S. *et al.* (2021). Prosocial and antisocial choices in a monogamous cichlid with biparental care. *Nature Communications, 12(1)*. doi: 10.1038/s41467-021-22075-6.

女王様はどこだ

ＡＩってすごいなあ（この書き出しはあんまりひどいからやめたほうがいいと夫に言われたが、書いてしまう）。セイヨウミツバチ（*Apis mellifera L.*）の集団の動きをＡＩで解析した論文を読んだのだ。ところが、そのすごいＡＩでも、ミツバチの三次元の動きを二次元に落とした上で解析していて（どちらかと言えば計測上の制約でそうなったようだが）、なぜかそういうところに親しみを感じてしまった。京大で素粒子を研究している夫の従兄弟に初めて会った時、やめとけばいいのにと今なら思うが、どんな研究をしているのか何となく聞いてみたら、「一〇次元ってわかりますか？」と聞き返され、元気に「わかりません」と答えたところまでは覚えているが、その後説明してもらったはずの研究内容はさっぱり覚えていない。記憶に残っているのは「一三次元」と「超弦理論」という単語だけといった始末だ。

本題に戻ると、セイヨウミツバチはダンスやフェロモンを使って、仲間に情報を伝えることに長けている。働きバチの腹部の先にあるナサノフ腺から発せられるフェロモンには、レモンやバラのようなにおいのする化合物などが複数含まれているという。たとえば、採餌場所を発見して後から来る仲間に位置を知らせる時、巣別れ時に途中で集合する時、新しい巣を仲間に知らせる時に、働きバチは足で床面などをしっかりつかみ、腹部を上方に持ち上げ、羽を震わせてフェロモンを後方に放出する。巣箱の入り口でこの行動をしている働きバチを観察することができるそうだ。研究者は昔からフェロモン放出行動を観察し研究してきたが、その多くは個体の行動としての分析で、集団が大移動するしくみは謎のままだった。そこでＡＩの登場となる。

女王バチもフェロモンを出す。働きバチは女王バチのフェロモンを追跡して、女王バチの所在を確認することで群れとしてまとまりを保っている。しかし、女王バチが遠く離れてしまったら、女王バチのフェロモンは、時間的にも空間的にもすぐに減衰して跡形もなくなるだろう。そんな時、どうやって働きバチたちは女王バチの周りに集合するのだろう。Nguyenら[1]は、五〇×五〇×一・五センチの、宅配のピザの箱のような形の容器を使い、上部を透明なアクリルガラスにして、各働きバチの動きを二次元の動きとして上方から記録した。女王バチをカゴに入れて右上の角に、その対角に働きバチたちを置き、限られた高さの中で働きバチが女王バチを探しだし、結集する様子をビデオ撮影したのだ（図A）。

次に、腹部を突き上げ、羽を震わせてフェロモンを後方に放出している働きバチの動きをＡＩに深層学習させ、撮影された映像からフェロモンを放出している個体とそうでない個体の区別、さらにフェロモンの放出方向の特定を行った。その結果、図Bのようにフェロモンを放出している個体を追跡することがわかった。Nguyenらは、約一八〇〜一〇〇〇個体からなる一四の群れで実験した。群れ

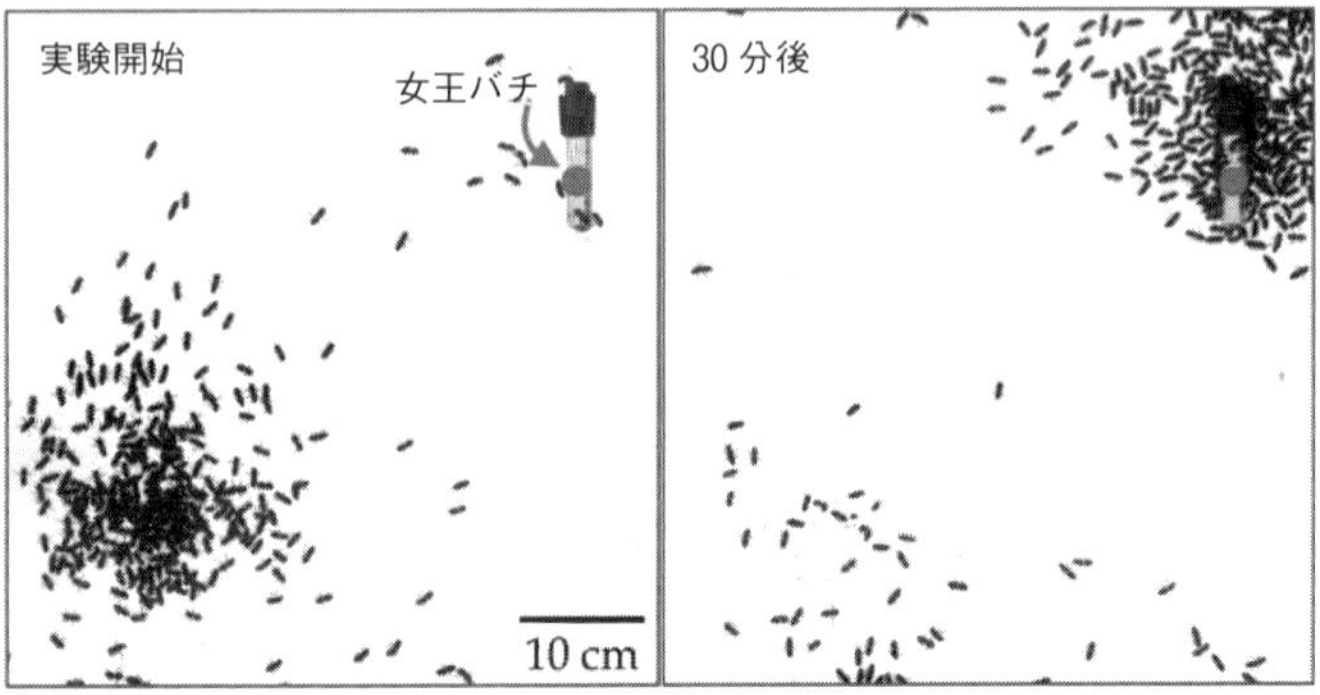

図A　女王バチの周りに集合する働きバチ [1]

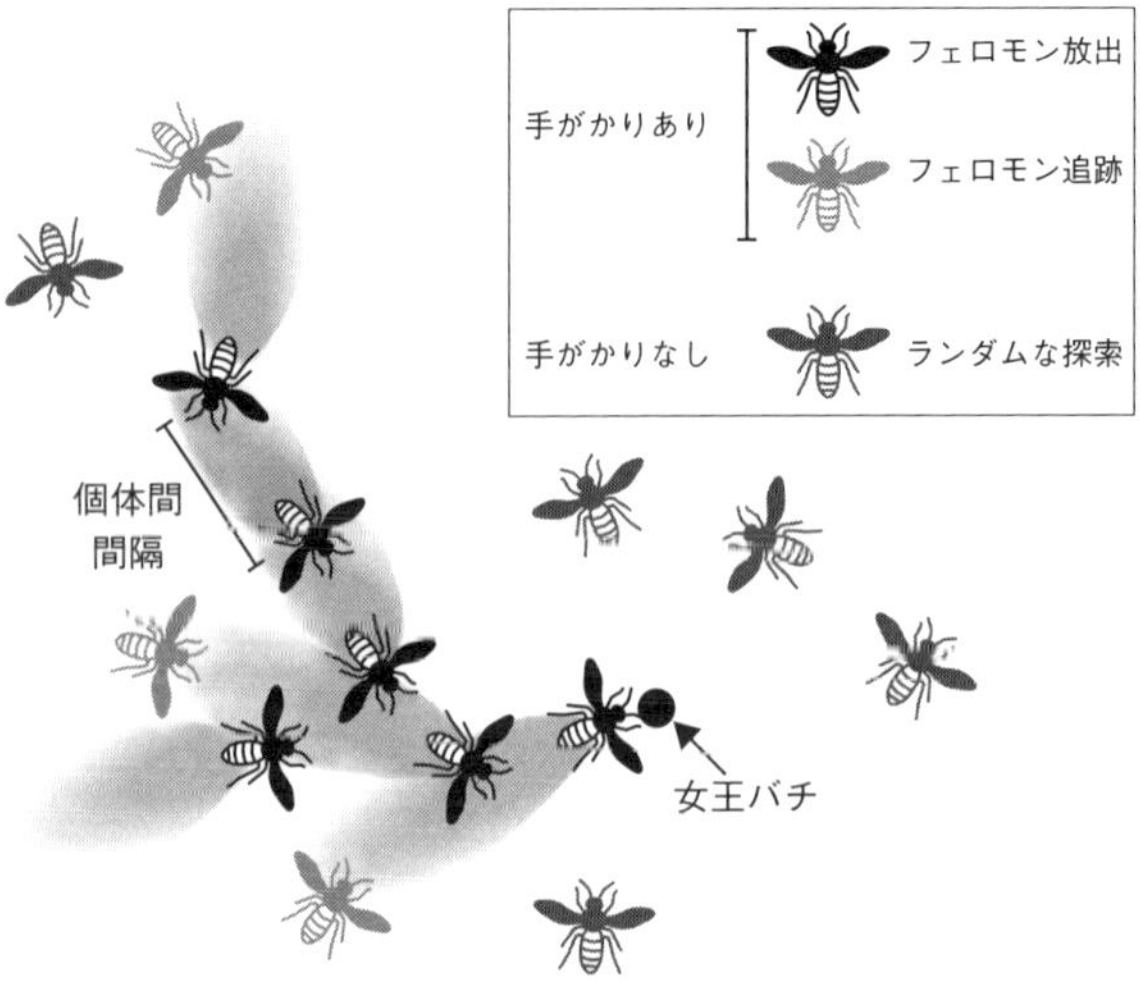

図B　働きバチの集団の動きの解析 [1]

のサイズにかかわらず、働きバチたちは、まるで伝言ゲームのように、各個体のフェロモンを次々と継いでいくことで女王バチへの道筋を示し、他のハチはそれを手がかりに女王バチの周りに集まることがわかったのだ。実験開始から五分ほどで、フェロモンを放出する働きバチの数が急増し、その個体間間隔は約六センチだった。その後、女王バチの周りに働きバチが集まるとともに、フェロモンを放出する個体数が減り、一時間ほどで女王バチを中心に結集した。

アリストテレスの頃から人々の興味をかき立ててきたハチの行動が、カール・フォン・フリッシュを含む幾多の研究者の手を経た現代、こうして解き明かされていくのは感動的だ。今回は、何だか理論物理学とＡＩと、難しいものを一緒くたにした文章になっていると思われるだろうし、そのご指摘もほぼ正しいが、件の従兄弟は『ディープラーニングと物理学』（田中章詞・富谷昭夫・橋本幸士、講談社、二〇一九年）という本を書いていたりもするので、油断はならないのだった。どういう内容なのか、そのうち聞いてみようとは思っているのですが。

引用文献

（1）Nguyen, D. M. T. *et al.* (2021). Flow-mediated olfactory communication in honeybee swarms. *Proceedings of the National Academy of Sciences of the United States of America*, *118*(13), e2019916118.

九日目のシャコパンチ

当時は、シャコと言えばゆでてむかれて酢飯に載ったものしか知らなかったので、広島にある夫の実家で、殻ごとゆでられたシャコが大皿に山盛りになっているのを初めて見た時には、驚いた。もともと大阪出身の義父は、初めての時には「ここではゲジゲジを食べるのか！」と狼狽したそうで、生物学者のはしくれとしてか、シャコ自体が好物だったおかげか、私はさすがにそこまで思わなかったが、気持ちはわかる。

シャコの英語名はMantis shrimp。「カマキリ・エビ」というわけで、口脚と呼ばれる五対ある付属肢の、第二対目（捕脚）が大きく発達している。シャコの打撃が水槽のガラスを砕いてしまうほど強力（空洞現象が発生するほどだ）であることは知られているが、冒頭でゆでられていたシャコとは別種である。シャコには、捕脚のかかとにあるハンマー状の部位でパンチを打ち出す殴打タイプと、捕脚の尖った部位を使って餌をとる突き刺しタイプとがいて、件の寿司ネタは中間タイプだという。ともかく、打ち出される捕脚の速度は、水中の抵抗にもかかわらず時速八〇キロに達し、しかも何度も繰り返すことができる。シャコのように小さな生物の筋肉だけでこれが可能なのは、筋肉の収縮を一

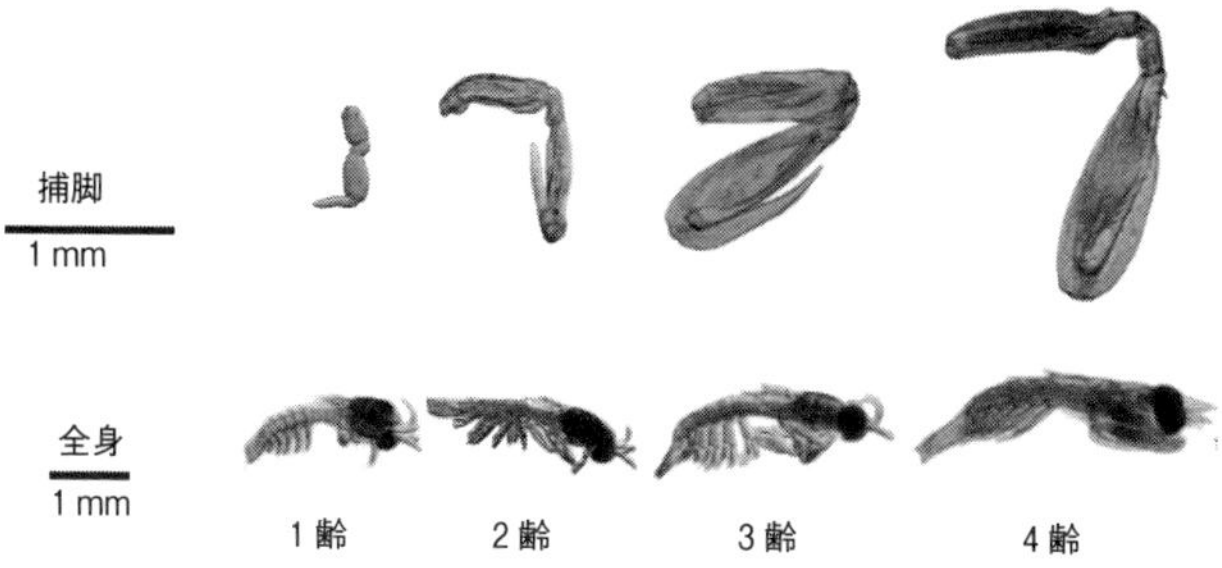

図　フトユビシャコモドキの幼生とその捕脚[(1)]

気に開放するラッチ（開閉機構）によるものだと考えられてきたが、モデルを当てはめて検証するとこれでも不十分で、ラッチを介した鞍状のスプリングの作動も大きな役割を果たしていることがわかってきた。

そんな破壊力を持つシャコの一種であるフトユビシャコモドキ（*Gonodactylaceus falcatus*）の、殴打行動の発達の論文が出た。発達研究の苦労はある程度知っているつもりだが、私の経験はヒトその他の霊長類に限ったことで、この論文の相手はシャコの幼生だ。卵からかえったばかりの一齢幼生は二ミリほどの大きさしかなく（図）、卵黄嚢《のう》を持ち、海底にじっとしているという。四齢（生後九～一四日）になり卵黄嚢がなくなると、餌を求めて海中をただよい始め、正の走光性を持つ（光に向かって移動する）ようになる。Harrisonら[(1)]は、四齢以降の幼生を照明でおびき寄せて海中から捕獲したり、実験室で卵をふ化させたりして、「シャコが捕脚を使って攻撃を開始する時期」を調べたのだ。海から採集した幼生（四～六齢）を同定できることにも驚いたが、形態の手がかりに加えて、実験後の幼生の後ろ半分（前半分は補脚を分析するので）からＤＮＡを抽出して確認していた（一二個体のうち抽出に成功した七個体はすべてフトユビシャコモドキだった）のにも驚いた。

フトユビシャコモドキの成体の殴打行動をカメラでとらえるには、一秒間に二万フレームの撮影が、少ない光量で（さもなければ、ゆだってしまう）可能なハイスピードカメラが必要で、数ミリの透明な体の幼生が水中で捕脚を動かす様子を撮影するのにも同スペックのカメラが使われた。小さな幼生にピントを合わせ、捕脚の動きを高速撮影するには、つまようじの先にのりで幼生を固定しなくてはならなかったという。その結果、四齢になるとスプリング、ラッチ、筋肉の構造と、ラッチを介したスプリングの動きが確認されたのだ（動画――http://movie.biologists.com/video/10.1242/jeb.235465/video-1）。四齢すなわち生後九日には、幼生は海中をただよって捕食を開始するが、まだ殴打が可能なハンマーは備わっていない。Harrison らは捕脚の動きから、突き刺しタイプの捕食を行っているのではないかと考えている。とはいえ、捕食の様子を撮影するのは至難の技で、まだ確認できてはいないそうだ。殴打型の捕食や攻撃が、その後どのような過程を経て成立するのか、海中の数ミリの世界での発達が今後、行動レベルで明らかになっていくだろう。[1]

ところで、この捕脚部分の肉は、殻を割るか吸い出して食べると、少量だがずいぶんおいしい。様々な研究をかじったおかげで、シャコについても少し知識が増えた気もする。山盛りのシャコをぎこちなくむいて（技術が必要なのだ）食べながら、「シャコは英語で〝ガレージ〟って言うんだよ」という義父のダジャレを信じてしまった（要するに英語名を知らなかったのだ）、当時の自分に教えてやりたい。

引用文献

(1) Harrison, J. S. *et al.* (2021). Scaling and development of elastic mechanisms: The tiny strikes of larval mantis shrimp. *Journal of Experimental Biology*, *224*, jeb235465. doi: 10.1242/jeb. 235465

「ナコウドアリ」（仮名）

庭に出ると、昆虫の翅音が聞こえる。蚊やアブのことも多くて困るが、ミツバチの時もあり、チョウも翅音がするし、修行が全く足りないので同定できない虫のことも多い。時季ごとに咲いている花を見れば、虫がとまっては潜り込みを繰り返している。スピーディーに移動できない植物にとって、送粉は遺伝的多様性を担保する方略の一つだ。送粉を虫が媒介するのを、虫媒という。利用したことはないが、世の中には仲人さんという方がいらして、結婚の仲介をする。虫媒と仲介は何だか音が似ているが、今回は虫媒の虫の話。

そう言えば、アリの繁殖飛行もこの時期だ。将来女王となるメスアリとオスアリには翅があり、それぞれの巣から飛び立ち、交尾をする。同じ巣のオスのほうが、メスよりも早く成熟したり、遠くへ飛んでいったりして、血縁関係が比較的離れた個体との交尾を可能にする戦略が、それぞれの種に備わっている。ところが、ハダカアリ属には生殖オスに翅がない種がいる。当然だが、無翅オスは飛べないので、繁殖飛行をしない。若い女王アリには翅があるものの、飛んでいる姿を誰も見たことがないという。そうすると近親交配をしている可能性もあるが、遺伝子を調べると、交配の三分の二以上は近親交配だったが、残りは異系交配だったのである。いったいどうやって異系交配が行われるのだろう。

二〇〇四年、Lenoirら[1]はハダカアリ（*C. elegans*）の巣に、巣のメンバーとは血縁関係のない、生殖可能な有翅メス（若い女王アリ）がいて、しかもその巣のアリたちから攻撃されていないという、驚くべき状況を観察した。さらに、若い女王アリを巣から巣へ運んでいる働きアリの様子も観察されたのだ（図）。これが異系交配の方法なのかもしれない。しかし、働きアリが自身の巣の若い女王アリを他の巣に運んでいるのか、他の巣の若い女王アリを自身の巣に運び入れたのかはわからなかった。そこで、Vidalら[2]はマイクロサテライトを使った遺伝子解析によって、働きアリと若い女王アリとの血縁関係、若い女王アリが移動した二つの巣の血縁関係について調べた。

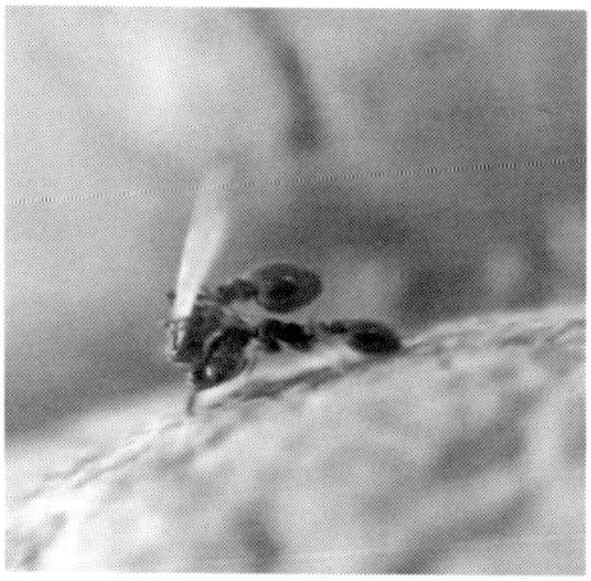

図　働きアリが下顎で若い女王アリの頭部をつかみ、背負って運ぶ様子[2]

南フランスの調査地で、ハダカアリ一七五集団の巣穴の位置を地図上に記した。一平方メートル当たりに巣は五つほどだ。働きアリによる若い女王アリの運搬を四五三回観察し、出発した巣から到達した巣まで確認できたのはそのうち一四四回だった。動画（https://figshare.com/s/921e9f2184716780cf0d）を見て驚いたのは、体長二〜三ミリほどの働きアリの移動速度がとても速いことと、迷うことなく一直線に数メートル先の巣穴まで突き進んでいることだ。もちろん近くにも巣はある。運搬は数分にもおよび、観察した運搬距離の最長は・四・八メートルだったという。これは体長の五五〇〇倍の長さにもなり、身長一五〇センチに換算するならば八キロを超える！　働きアリによる運搬は一度きりで終わらず、若い女王アリを受け手の巣に届けると一直線に自身の巣に戻り、別の若い女王アリを背負って同じ受け手の巣まで運ぶこともあるし、同じ巣の働きアリ数匹がそれぞれ若い女王アリを同じ受け手の巣まで運ぶこともある。まるで受け手の巣を決めているかのようだ。ちなみに巣の空間距離と遺伝的な距離とは相関していなかったので、単に遠い巣に運ぶということではなさそうだ。若い女王アリと、その運搬アリと受け手の巣の働きアリの遺伝子解析から、若い女王アリと運搬アリの多く（四〇ペア中二六ペア）は姉妹で、受け手の巣のアリとは血縁ではなかった。残りの一四ペアの運搬アリと若い女王アリは血縁ではなかったので、姉妹の働きアリによって受け手の巣に運ばれた若い女王アリは、今度は受け手の巣の働きアリによって、さらに別の巣に運ばれるのかもしれない。若い女王アリは、巣の入り口すぐの部屋にいるオスと交尾し、そこで冬を越す。春になると巣から出て、歩いて（やはり飛ばないのだ）自身の巣を作る。

配偶者選択に第三者が介入する生物の報告は、ヒト以外では初めてだそうだ。働きアリは巣の周囲の地理に詳しいのかもしれないが、受け手の巣をどうやって決めているのだろう、若い女王アリの痕跡程度の翅は何のためにあるのだろう、なぜオスの翅がなくなったのだろう、と不思議はまだまだ続く。ハダカアリがどうしてこういう名前なのか存ぜぬまま、もうこのアリは「ナコウドアリ」と呼んだほうがいいんじゃないかとも思うが、この種が同定された時にはこんな生態は知られていなかったわけであるし、私のような素人が口をはさむようなことでもない。

引用文献

（1） Lenoir, J. C. *et al.* (2007). Genetic structure and reproductive strategy of the ant Cardiocondyla elegans: Strictly monogynous nests invaded by unrelated sexuals. *Molecular Ecology*, *16*, 345–354.

（2） Vidal, M. *et al.* (2021). Worker ants promote outbreeding by transporting young queens to alien nests. *Communications Biology*, *4*, 515. doi: 10.1038/s42003-021-02016-1

透視したい

「透視図と言えば大伴昌司だ」と、「そういう世代」である夫が力説する。ウルトラ怪獣の内部透視図を描いた人らしい。存在しないはずの内部が詳細に描き出されることで、存在しないはずの怪獣の存在がリアルに立ち上がってくる。「レッドキングの心臓はバネの形をしているんだ」とか熱心に語られても、聞かされるほうは「そうですか」としか答えようがないが、そこに子どもたちが熱狂したのはたしかにおもしろい。「内部」や「深部」への探求は、こんな形でも現れてきたのだろう。

医療用ＣＴのボクセルサイズ（三次元のピクセル）は〇・五ミリほどだが、フランスの欧州シンクロトロン放射光施設の高性能マイクロトモグラフィーのボクセルサイズは六・三六ミクロン（一ミクロン＝一〇〇〇分の一ミリ）だ。この最高スペックのＣＴでQvarnströmらが透視したのは、三畳紀の糞石＝フンの化石（coprolite）だ。ポーランド南部のクラシエジョフという村の近くで採取された糞石で、約二億三〇〇〇万年前の恐竜の近縁種、体長二メートルほどのシレサウルス・オポレンシスのものと推測されている。Qvarnströmらは二〇一七年にフンの内部を三次元に再構築することに成功し、さらにこの七月、透視した糞石（長さ一七ミリ直径二一ミリ）から、新種の甲虫（体長一・五ミリほど）を完

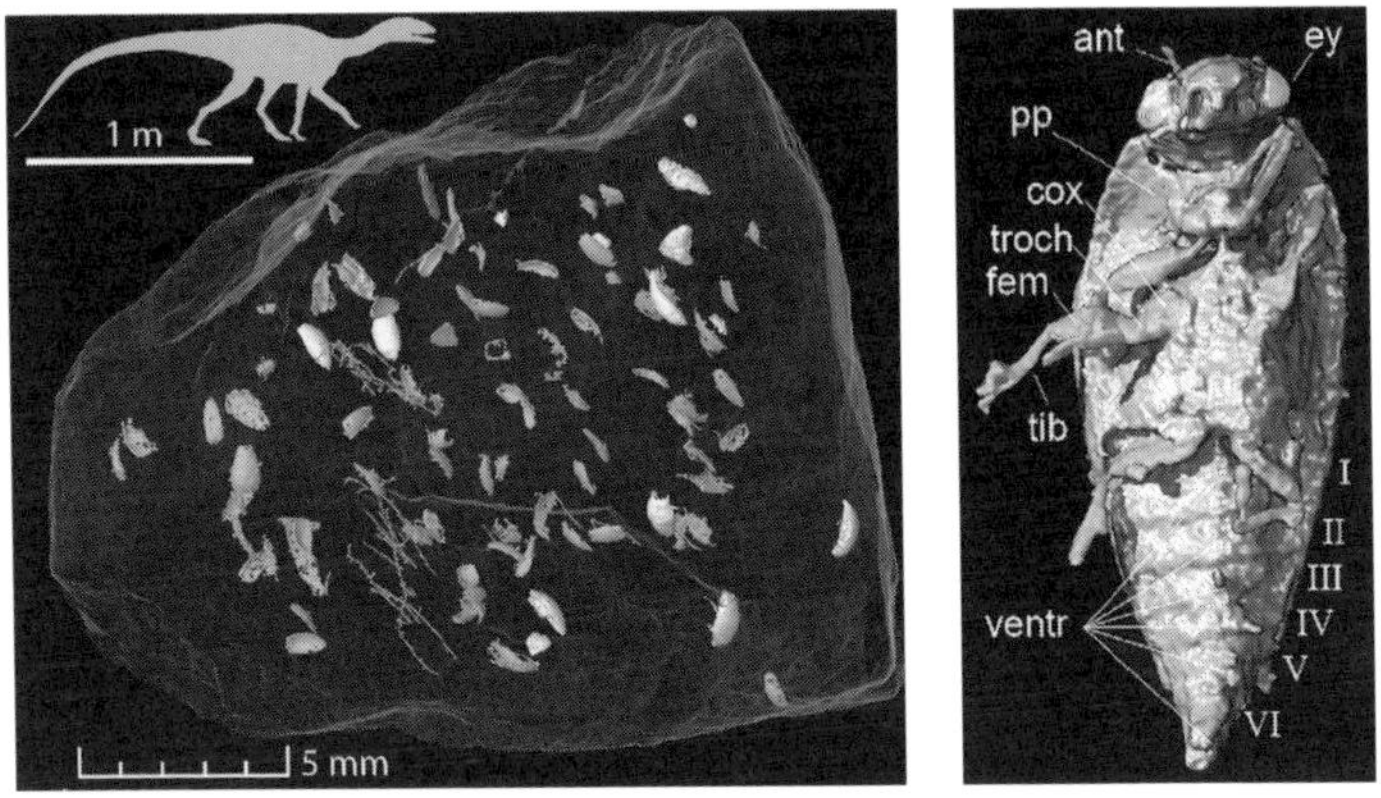

図　シレサウルスのシルエットとスキャンされた糞石（左）、再構築に成功した新種の甲虫（右）[1]
ey：眼、ventr：腹部、tib：脛節、fem：腿節、troch：転節、cox：基節、pp：前側板、ant：触覚

全な形で発見したのだ[1]（図）。動画（https://www.youtube.com/watch?v=9NKZz5PW7jQ&t=1s）を見ると、この標本の保存状態のよさに驚く。

三畳紀の甲虫の化石はこれまでにも報告されているが、立体構造は残っていない。立体と言えば琥珀に封じ込められた昆虫化石が思い浮かぶが、樹木が大量の樹脂を産出するのは白亜紀以降なので、古くても一億四〇〇〇万年前だ。三畳紀の糞石は二億三〇〇〇万年前のものなので、貴重であることは疑いないが、一方でどうやってフンの中に入ったのかについては検討する必要がある。シレサウルスが排泄したのちに甲虫がやってきた可能性もあるが、ほぼ完全な形のものから頭や羽などのパーツだけのものと、様々な段階でかみ砕かれた状態の甲虫が観察されたことから、シレサウルスの体内を通過したと解釈できる。スキャン後再構築された甲虫一五標本は、完全な二標本、脚や翅鞘や頭部が欠損してはいるがほぼ完全な七標本、前胸部と頭部のみの一標本、中胸部と後胸部の一標本、前胸部の三標本、頭部の一標本だった。これらの標本の形態はすべて同じだったので、同種である可能性が高い。様々な形態的特徴を手がかりに甲虫目での系統学的位置づけを解析したところ、現生甲虫目の「ツブミズムシ亜目」に属するが、すでに絶滅した未確認の科に該当することがわかった。脊椎動物の糞石で発見された初めての甲虫種ということで、*Triamyxa coprolithica* と命名された。名前というのはそういうものとも言えるし当の甲虫は気にしないだろうが、名前に「糞石」というのも浮かばれない気も少しする。

糞石内部には、他の昆虫の残骸や菌糸なども確認された。現代のツブミズムシ亜目の甲虫は藻類マットで繁殖している。三畳紀の *T. coprolithica* も同様の場所にいた可能性がある。たとえば、シレサウルスが海岸で藻類を食べていたら、偶然そこにいる昆虫も一緒に食べ、大きな昆虫はかみ砕かれたが、体長二ミリもない *T. coprolithica* は、そのまま素通りしたのだろうと著者らは考えている。藻類と一緒に甲虫を食べる食感は、われわれがヨーグルトにナッツをトッピングしたり、ほうれん草のおひたしにゴマをふりかけたりして歯ごたえを楽しむのに似ていたかもしれないし、似ていなかったかもしれないがそれはわからない。

Coprolite で画像検索すると、みごとな形状のものがたくさん出てくる。素人の私が見ても（もちろん誰のものかはわからないまま）あきらかに「フン」なのだが、なぜこの形状がつぶれないまま石になっているのか不思議で仕方ない。さらにこのフンであった化石に、昆虫のような壊れやすい構造物が、立体のまま二億年以上も保存されていたことには、透視図を眺めながら呆然とするばかりだ。そしてそこ（フンの中）から私たちは、三畳紀の風景に少しだけふれることができるのだ。
「子どもの頃は『怪獣のフンの透視図』なんて考えつきもしなかったなあ……」と夫は論文を読んでうっとりしている。怪獣と恐竜（の近縁種）を混同しているわけではないことは彼の名誉のために一応申し添えておくが、当時そんな透視図が載っていても子どもたちはきっと困ったと思う。

引用文献

（1） Qvarnström, M. *et al.* (2021). Exceptionally preserved beetles in a Triassic coprolite of putative dinosauriform origin. *Current Biology, 31*, 1-8.

マングースでロールズ

マングースと言えば、『のだめカンタービレ』（二ノ宮知子、講談社、二〇〇二～一〇年）だ。音大ピアノ科の「のだめ」は、学園祭のコンサートで仮装してピアニカを演奏することになる。のだめが作ったのはマングースの着ぐるみだった。しかも手にはハブを持っている。驚いた他の演者からなぜマングースなのかを聞かれ、「沖縄でハブに困った人たちがハブと戦うのが得意なマングースを島に放ったんデス。［けれど］マングースはハブと戦わないでアマミノクロウサギを食べちゃったんデス」と、答えになっていないことを答える（そもそも奄美は鹿児島だ）。なぜマングースだったのかは謎のままだが、マングース自体謎に包まれた魅力的な動物で、マングースに関する論文を読むと感動することが多いのは確かだ。のだめの着ぐるみは彼女の説明からフイリマングース（*Herpestes auropunctatus*）と思われるが、今回紹介するマングースは、それよりやや大きく丸い体型のシママングース（*Mungos mungo*）デス。

『正義論』で知られるジョン・ロールズは、自分や他者の社会的階級や年齢、性別、立場などに関する知識も関心も持たない状態を、「無知のベール」（veil of ignorance）に覆われた状態とし、あらゆる人がこの「無知のベール」に覆われた状態であれば、自分の利益を優先して行動することがなくなり、社会における公平性が達成され、ひいては社会全体の利益につながると主張した。この主張には議論もあるが、「相手が誰かを見きわめて選択的に」援助することと、他者を「みさかいなく均等に」援助することとが本質的に異なり、その成立過程を論じる際に当てはめるべきモデルも全く違うものになることは確かだ。「無知のベール」は、（規範を前提に）後者のモデルが可能になるような認知の実装としてロールズが提案したものと言えるが、ヒト以外の動物社会で「無知のベール」が当てはまり、公平性が促進されるケースがありうるのかは不明だった。

シママングースは、群れ内で妊娠したメスたちが、すべて同じ日に出産する。メスはどの子が自分の子なのかわからなくなり、親族関係について「無知のベール」状態で養育が行われるのではないかとMarshall らは考え[1]、ロールズ的な協力モデルで予測される、子孫間の不平等を縮小する方法で産後ケアを配分するかどうかを実験した。調査地ウガンダのシママングースは、オスとメスからなる群れ（一〇～三〇個体）を作り、年四回繁殖する。調査チームは、二〇一三～一六年に、七つの群れで、合計三四回の繁殖を操作した。Marshall らはすべての個体を識別し、朝の採餌開始前に、巣から出てきたところで体重を測定することができた。ミルクの報酬と引き換えに、電子はかりを踏むように訓練したのだ。メスの妊娠は腹部のふくらみを目視、触診と超音波スキャンで確認し、妊娠が判明した数日後から、妊娠メスの約半数（一〇一匹）に、追加の餌としてゆで卵五〇グラムを、出産するまで毎日与えた。卵を食べたメスは順調に体重を増やした。卵を食べたメスも食べなかったメス（九七

図　仔をエスコートするシママングース（提供：Harry Marshall / Banded Mongoose Research Project）

匹）も、同じ日の夜に巣穴の中で出産した。生まれてから三〇日間、仔は巣穴の中で過ごす。その後、巣穴から出てきたところで体重測定をし、さらに皮膚片を採集して遺伝子型を調べ、母親を特定した。

卵を食べたメスが産んだ仔の体重は、卵を食べなかったメスが産んだ仔よりも有意に重く、出産後のメスの体重も、卵を食べたメスは食べなかったメスよりも重かった。仔は巣穴から出てくるようになってから六〇日間は、大人にエスコートされて過ごす（図）。エスコートする成体と仔の組み合わせを調べたところ、卵を食べ、栄養状態のよいメスは、卵を食べなかったメスから生まれた小さな仔に、大きな仔よりも頻繁に餌を与え、保護し、毛づくろいをした。その結果、エスコート期間の終わりまでに、妊娠中に卵を食べたメスと食べなかったメスとの体重の差はなくなり、仔の体重差もなくなったのである。さらに、仔の九〇日後、六カ月後、一年後の生存率にも差はなかった。

卵を食べたメスの投資は、親子関係に関する「無知のベール」によって、自分の子どもが不利な立場に置かれるリスクを最小化したと著者らは考えている。進化の過程で生み出された「無知のベール」が、実際に資源の平等な分配、「公平な社会」につながる可能性が、シママングースで示されたのだ。

二〇〇二年に亡くなったロールズがこの論文を読んだら、どうコメントしただろう。個体識別が前提の（さらには個々に「名前」さえある）社会において、「無知のベール」がどうやって実装されうるかは難しい問題だ。「世間」や「社会」が信頼できそうにもないとなれば、なおさらだ。

引用文献

（1）Marshall, H. H. *et al.*（2021）. A veil of ignorance can promote fairness in a mammal society. *Nature Communications*, *12*, 3717.

キリンの首が風を切る音

『キリン伝来考』（ベルトルト・ラウファー著／福屋正修訳、早川書房、二〇〇五年）という本がある。アフリカ原産のキリンが中東やアジアに運ばれ、どのようにとらえられてきたか（たとえば一五世紀初頭の明（中国）では伝説の神獣「麒麟」だと考えられたとも言われ、現在の和名にもつながる）が豊富な図像とともにまとめられた楽しい本だ。捕らわれて運ばれたキリンには致命的に迷惑なことで、そのことを考えると一方で気はふさぐのだけれど、この生物を目のあたりにしたインパクトは絶大だったろう。

オスのキリンどうしが頭部を打ちつけ合う、スパーリングと呼ばれるこれまたインパクトのある行動が、一九五八年に初めて、その後も多数報告されている。首の長さだけで二メートル、首から頭の重さだけで一〇〇キロを超える、この長くて重たい首を（文字通り）ぶんぶん振り回して頭部の角を相手の体に打ちつける様は、もはやしなやかで強大なムチのたとえを通り越してシュールでさえあるが、定量的な調査は行われていなかった。南アフリカのモガラクウェナ川保護区では、フェンスに囲まれた一四平方キロの土地に、キリン（*Giraffa camelopardalis giraffa*）三一頭が生息している（二〇一七年五月時点)。Granweilerら[1]は、二〇一六年一一月〜二〇一七年五月に、朝六時から保護区を歩き、五〇〇メートル以内にオスが二頭以上いる集団を見つけて追跡した。キリンはヒトに慣れており、一〇〜三〇メートルまで近づくことができるので、iPhoneを使って(!)スパーリングの記録ができた。

一一頭の成体オスを、頭部の形態、オシコーン(角)の状態、首の太さや体色によって、成熟オス(A・五頭)、若いオス(B・四頭)、最も若い亜成体オス(C・二頭)に分け、さらに肩までの高さによって、順位(A1〜5、B1〜4、C1〜2)をつけた。スパーリングは図のような体勢で、二頭で行われる。一頭が頭を相手に打ちつけ、相手も打ちつけ返したらスパーリングと定義し、一一八回のスパーリングを記録した。観察されたスパーリングでケガをした個体はいなかったそうだ。スパーリングは若いオスで最も頻繁に観察され、体格の似通った、順位の近いオスどうしで行われたが、最も優位なオスであるA1のスパーリングは一度も観察されなかった。若いオスどうしのスパーリングは時間あたりの打撃数が多く、持続時間は短い。一方、成熟オスのスパーリングは互いに首を打ちつけるのではなく、首を押しつけ合うだけのことが多かった。スパーリングは、本格的なけんかに発展することなく自分の競争力を試す手段として機能しており、自分と体格

図　スパーリング時の体勢[1]

の近いオスを選んで行うことで、より質の高い練習ができるのではないかと考えられている。さらに、成熟オスが若いオスのスパーリングに介入し中断させることが二七回観察され、その約半数はＡ１オスによる介入だった。若いオスがスパーリングの結果獲得するであろう勝者の効果を無効にするためではないかとGranweilerらは考えている。

興味深いことに、首を打ちつける相手が自身の左右どちら側にいるかは、それぞれの個体で決まっていた。一方のオスが左から右に首を振り、もう一方が右から左に首を振るのを好む場合、頭と尻尾を同じほうに向けて立ち（図ａ）、それぞれの好む側から相手に打撃を与える。逆に、どちらも同じ方向に首を振るのを好む場合は、頭と尻尾を互い違いにして立ってスパーリングを行う（図ｂ）。対戦相手を尊重しているかのように、相手の好まない側（弱い可能性が高い）に立ってスパーリングするようなことはなかったのだ。しかし、例外が三回観察された。Ａ２とＡ４が最も小さいＣ２とスパーリングした時、まるでハンデをつけるかのように、Ａ２とＡ４は通常とは逆の側を使ったのである。

スパーリングには一種の順位確認行動の側面がありそうだが、そこには「規範」のようなものが存在し、儀式化されているようにすら見える。この規範こそがスパーリング結果の正当性を担保しているのだとしたらおもしろい。キリンがお互いの「好み」を記憶しているのか、スパーリングを開始する際に何らかの手がかりを利用しているのかは、まだわからない。

私はアフリカに行ったことがないが、夫は学生の頃（サファリツアーに出かけるお金はなかったらしく）長距離バスの窓から、サバンナを走っているキリンを見て感動したそうだ。いつか現地で、スパーリング中のキリンの首が風を切る音を聴いてみたい。といっても、そんな音を想像してみただけで、本当に音がするのかはわからない。

引用文献

（1） Granweiler, J. *et al.* (2021). Sparring dynamics and individual laterality in male South African giraffes. *Ethology*, *127*, 651-660.

リスのパルクール

論文を読んでいたら「parkour」という単語が出てきた。「パルクールって、『キングスマン』（マシュー・ヴォーン監督、二〇一四年）の序盤の、エグジー（タロン・エガートン演じる主人公）のあれだよね」と夫に言ったら、「先に思い出すべきはダニエル・クレイグ版『007／カジノ・ロワイヤル』（マーティン・キャンベル監督、二〇〇六年）だ」と諭された。言われてみれば反論の余地はなく、冒頭でジェームス・ボンドから逃げまくるセバスチャン・フォーカンは「本職」のパルクールの名手で、その華麗なチェイスがパルクールの知名度を飛躍的に向上させたのだった。クレイグ版のボンドも見納めかとここのところ感慨に浸っておきながら失念していた自分が悔しいのは確かだが、かといって考えてみれば、真顔で諭されるほどのことでもない。

カリフォルニア大学バークレー校のキャンパスの西側には小さな森がある。そこに野生のリス（*Sciurus niger*）の一群がいて樹冠を跳び回っているが、リスは瞬時の判断で跳躍しているようなのに、落ちない。その謎を解明しようと、Huntら[1]は、群の個体に毛皮用染料で印をつけて個体識別をした上で、野外でのフィールド実験のために、縦一五〇センチ×横一八〇センチほどの実験用の壁を設営した。壁の右側に、ピーナッツを入れる容器が先端についた棒を取りつけ（図A）、訓練では、壁の左側にあるスロープの先の台に登って、台から突き出た枝を伝い（ここでの枝の剛性は高く、しならない）、容器の棒まで歩いてピーナッツを獲得するよう、点々とピーナッツを置いて、リスを誘導した。次に、台から突き出た枝とピーナッツ棒との間隔を徐々に広げ、ギャップ距離が五〇センチになり、リスが躊躇せずに容器まで跳躍したところで訓練完了とした。約三〇分でリスは学習したそうだ。

図A　しなる枝から発進しようとしているリス（提供：Nathaniel H.Hunt）

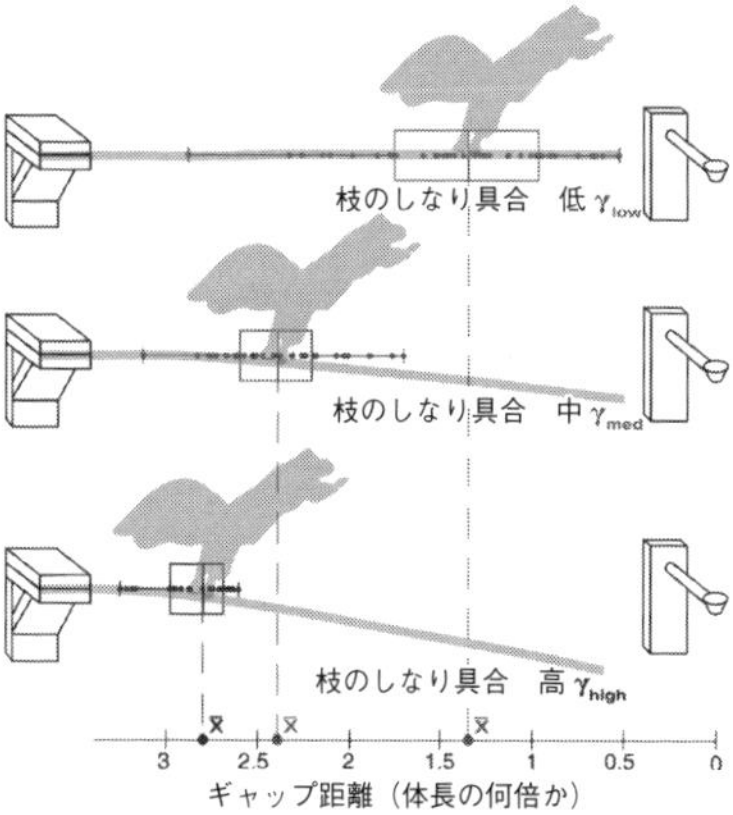

図B　実験１の結果 (1)

実験1では、しなり具合の異なる三種類の枝（視覚的には区別がつかない）が用意された（図Aは最もしなる枝）。五匹のリスで四七回行った結果、リスの発進地点の決定は、枝のしなりの低さとギャップ距離の短さのトレードオフを示した（図B）。最もしなりが低い枝では、発進地点は体長以下の距離を含み、跳躍しないこともあった。枝のしなりが高いほど、リスは体長の三倍ものギャップ距離になるが、台に近い地点から跳躍したのだ。

発進地点決定の最適化モデルを作成し、ギャップ距離と枝のしなりの重みづけを変えて検討したところ、リスの発進点を記述できたのは、ギャップ距離よりも枝のしなりに重きを置いた関数だった。つまり、リスはギャップが大きくなることよりも、枝がしならない地点を選んで跳躍しているようなのだ。実験1でのリスの着地誤差は小さかったので、実験2ではさらに枝をしならせて難易度を上げたところ、勢いあまって（あるいは足りなくて）、着地先の棒を前足でつかんだ状態で体がくるりと回転した（落下はしなかった）。リスは五回の試行で発進速度を調整し、回転せずにピタッと着地できるようになった。実験3では、ギャップの距離をさらに大きく、着地点を高くして、リスにさらなる挑戦をしてもらった。するとリスは、発進点と着地点の中間あたりの壁面でワンバウンドし、そこで速度を低下させつつ方向転換してピーナッツ棒まで跳び、ピタリと着地したのだ。ここがたしかにパルクールっぽいところで、この跳躍はぜひ動画でご覧ください（https://www.youtube.com/watch?v=_9ZjgeSKkeQ）。

ヒトのパルクールでもおそらく同じようなことが起こっているのだろうが、一見「ヒトとは思えない」ようなあの動きがどのように獲得され遂行されているのかは、生態学的制約とその可塑性や、アフォーダンスの観点からもおもしろいテーマになりそうだ。ある日、どこかのキャンパスの一角にパルクール専用のスペースが現れたら、それはきっと研究者たちのしわざに違いない（妄想です）。

引用文献

（1） Hunt, N. H. *et al.* (2021). Acrobatic squirrels learn to leap and land on tree branches without falling. *Science*, 373, 697–700.

II

続・モアイの白目

哀しいイヌ

パトラッシュはいつも哀しげな顔をしていたような気がするのだが、そんなこともなかったかしら。「フランダースの犬」の話だ。話の筋が切なすぎて、そんな気がしているだけで、冷静に考えると、パトラッシュが四六時中、哀しい顔をしていなければならない理由は特にないように思えてきた。

イヌの祖先はオオカミだと言われているが、いつ頃、どのようにイヌになったのかはまだ詳しくわかっていない。一万二〇〇〇年前の遺跡からヒトとイヌの骨が一緒に見つかったことから、この頃にはイヌの姿になっていて、ヒトと暮らしていたようだ。一説では、「幼形保有」といって、オオカミの幼い子どもの形態やしぐさを保持したまま成熟し、イヌの姿になったと言われている(1)。イヌの形態やしぐさは、オオカミの子どものそれに似ているのだそうだ。幼形保有を促進した要因として、ヒトが幼い形態やしぐさを好んだからではないかとWallerら(1)は考えている。彼女らの調査で、保護されたイヌが新たな飼い主を得るまでの時間と、図のような眉の内側を引き上げるしぐさの頻度との関係を調べたところ、眉の内側を引き上げるしぐさを頻繁に行うイヌほど、飼い主が早く見つかったからだ。眉の内側を引き上げることで、目が大きくなり、顔が幼くなる。また、哀しそうにも見えるだろ

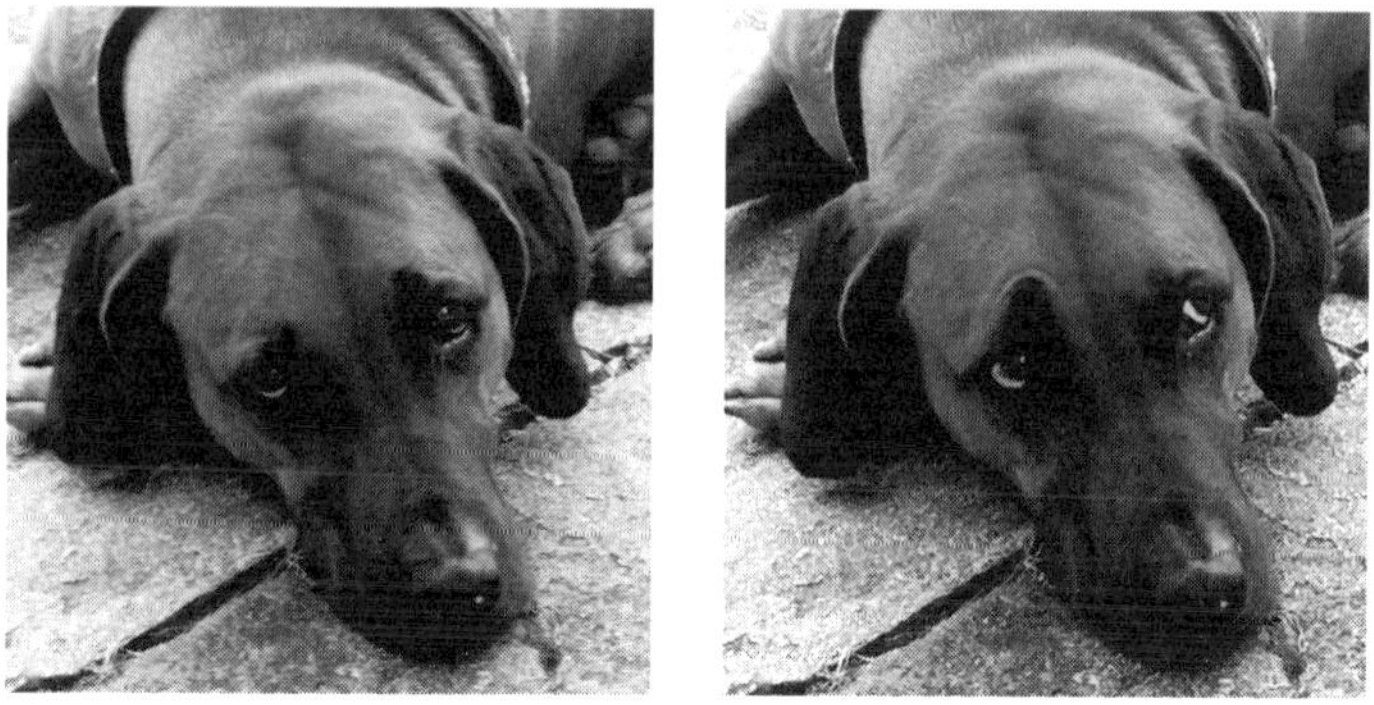

図　左の顔がAU101の動きをすると右の顔になる[1]

う。こんな顔をされると、保護してしまう傾向がヒトにはあるらしい。

　ヒトの顔を解剖学的に四四の動作単位（Action Unit: AU）に分け、どのAUの動きかを記述することで、顔の動きを比較検討できるようにしたものをFACS（Facial Action Coding System：顔面動作符号化システム）という。一九七八年にポール・エクマンとウォレス・フリーセンによって開発された。たとえば、笑顔の時の口の両端を引き上げる動きはAU12の動きで、悲しい時の眉の内側を引き上げる動きはAU1の動きとされている。このイヌ版を開発したのがWallerらで、これを使うと、図のイヌの顔の動きはAU101なのだそうだ。どうやら、ヒトのAUの番号に一〇〇を足したものがイヌのAUの番号になっていそうだ。

　ところで、イヌたちは眉の内側を引き上げるしぐさをただ何となくしているのだろうか。それとも、ヒトに向けて表出しているのだろうか。そこで、Kaminskiら[2]は、イヌに対してヒトが後ろ向きに立っている時と前向きに立っている時とで、イヌの顔の動きに違いが見られるかどうかを調べた。その結果、ＡＵ101の動きだけに差が見られたのである。ＡＵ101の動きは、ヒトが後ろ向きの時よりも前向きの時に頻繁に観察されたのだ。しかもヒトに見られて興奮したから動いたのではないことも確かめられた。イヌはヒトに向けて眉上げをしていたのである。ヒトは作り笑いをしたり、わざと怖い顔をして子どもを叱ったりと、自身の情動と分離して表情を作れる動物だが、ヒト以外の動物の表情は、情動が自動的に顔に現れたものにすぎないと思われがちだ。しかし、Kaminskiら[2]の結果は、イヌの表情表出が自動的なものだけではないこと、もっと融通の利くものであることを示している。

引用文献

（1） Waller, B. M. *et al.* (2013). Paedomorphic facial expressions give dogs a selective advantage. *PLoS One, 8(12)*, e82686.

（2） Kaminski, J. *et al.* (2017). Human attention affects facial expressions in domestic dogs. *Scientific Reports, 7(1)*, 12914.

サルにも「萌えキャラ」が見える

「縄文時代の石に『顔』が描かれていた」というニュースを見かけた。北海道で出土した約四三〇〇年前の三角形の板状の石の上に、右目と右の眉と鼻らしきものが描かれているということで、記者会見で専門家が目を輝かせて説明していた。縄文人が描いた縄文人の顔なのではないかということなのだから、興奮するのも無理はない。前後して、筑波宇宙センターの構内案内図が「萌えキャラ」に見えるとネット上で話題になっていた（http://nlab.itmedia.co.jp/nl/articles/1711/09/news142.html）。ただの地図なのに、遠目に見ると、そこには見事な、淡いピンク色の髪に緑色の目の、スカートの裾がふわっと翻った女の子が見えるというのだ。たしかに私にもそう見えて、笑ってしまった。この構内案内図を見た人々が「私にはこのように見える」というイラストを作製していて、面白いことに、それらはだいたい同じような女の子になっている。つまり、みんなが同じような女の子を案内図上に見ているということだ。あらためて断ることでもないが、案内図に近づいていけば、それはただの地図なのだ。

　こういうものが世の中にたくさんあるとも言えるのだが、ヒトはこのようなパターンについつい反

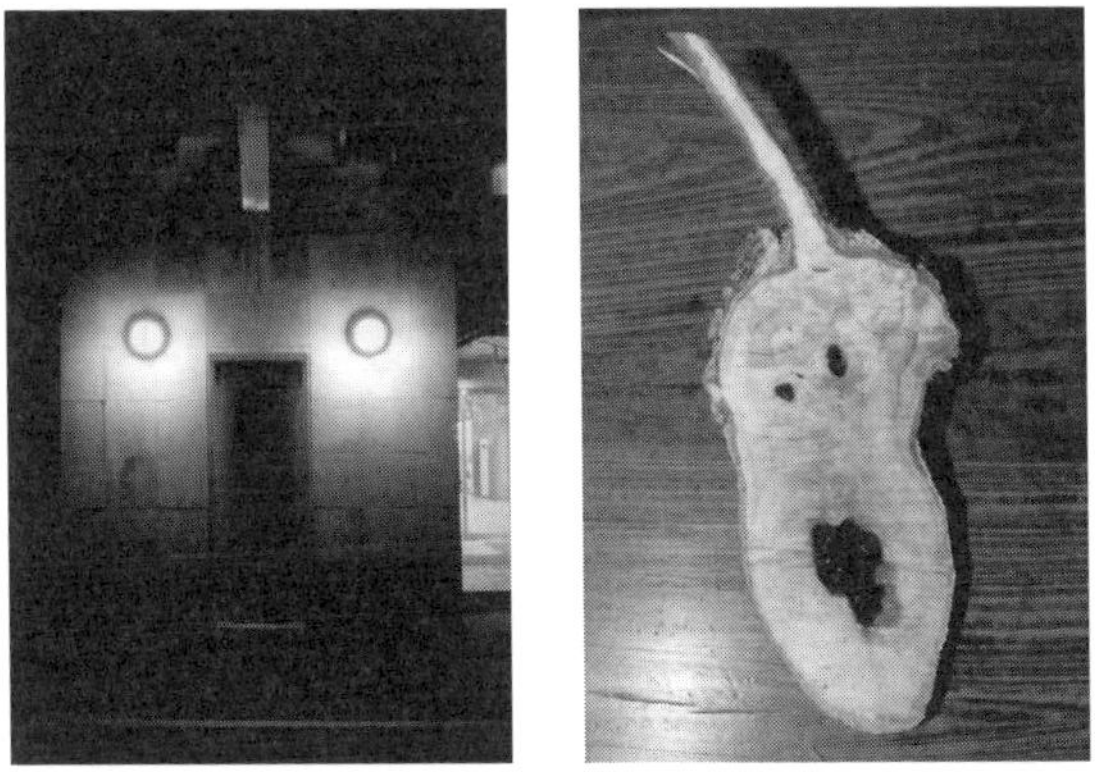

図A　左は広島県福山市内のホテル、右は柿の木の断面

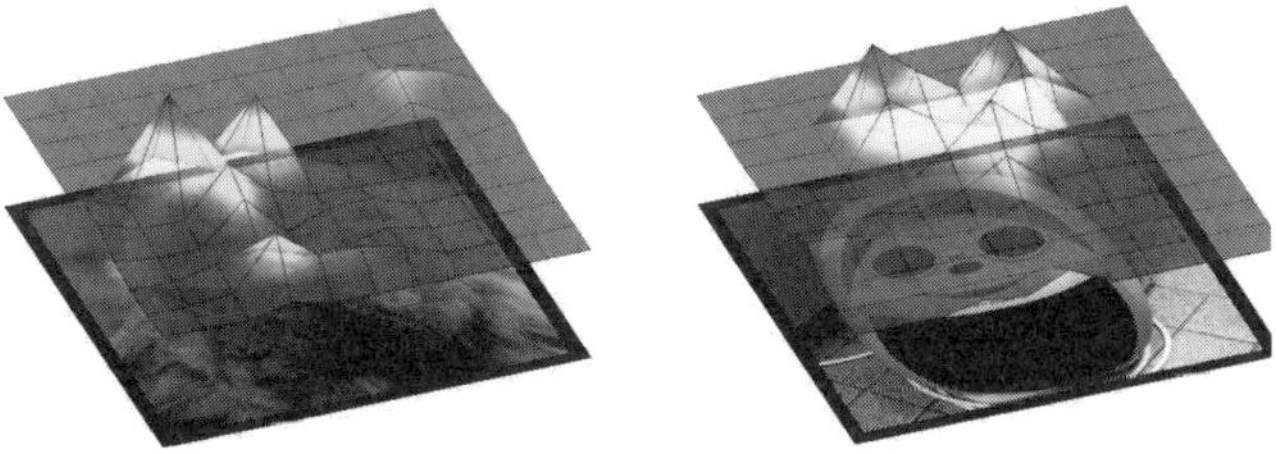

図B　下がアカゲザルに呈示した写真で、上はその写真を見ている時の視線パターン（提供：Jessica Taubert）[1]

応してしまう動物なのだと言うべきかもしれない。うちの夫も「あ、顔だ」と思えるものを見つけた時に写真撮影をしている（心理学者なので仕事だと本人は言い張るが、趣味にしか思えない）。彼の「自信作」をここに紹介させていただこう（図A）。

意味のない対象に特定の意味を認識してしまう現象を「パレイドリア」と言い、顔のパレイドリアを「シミュラクラ」とも言う。ヒトはパレイドリアがどうも好きみたいだ。その証拠に、空を見上げては、月にウサギを見出し、雲を見てソフトクリームを夢想し、星空に白鳥を見るのだ。こんな傾向、すなわちパレイドリアは、ヒト以外の動物にも存在するのだろうか。Taubertら[1]はアカゲザルに図Bのような、本物のアカゲザルの顔写真と、架空の顔に見える物体の写真を見せて、アカゲザルたちがこれらをどのように見るかを調べた。その結果が図Bの写真の上のグラフだ。アカゲザルがよく見たところを黒色で、あまり見ていないところを白色で、その間を黒色から白色へのグラデーションで表している。本物のアカゲザルの顔（左）を見ている時、アカゲザルたちは目や口といった顔の目立つ部分をよく見ていることがわかるだろう。それと同様に、架空の顔（右）を見ている時も、架空の顔の目や口に当たる部分をよく見ていたのだ。アカゲザルにも物体のその部分に「顔」が見えたのかもしれないのである。

ところで、パレイドリアの顔を見ている時、それらが本物の顔ではないことを私たちは知っている。しかし、アカゲザルたちはどうなのだろうか。アカゲザルたちも本物の顔ではないことをわかっているのだろうか。それとも、本物の顔だと思って見ているのだろうか。

引用文献

（1） Taubert, J. *et al.* (2017). Face pareidolia in the rhesus monkey. *Current Biology, 27(16)*, 2505–2509.

eyes 目 szem

目は二つだから eyes、ズボンも trousers で、手袋も gloves。英語では複数形にするのだと中学校で習った。何となく外国語は全部そうなのかなと思っていたが、先日、ブダペストに向かう飛行機の中で、あいさつぐらいはハンガリー語でしたいと思い、ハンガリー語のテキストを読んでいたら、目やズボンや手袋を複数形にしないと書いてあった。ハンガリー語の目は szem で、片方の目をさす時は、半分の目（fél szem）と言うそうで、日本語と同じ法則だ。そう言えば、二〇一八年の大学入試センター試験の問題で話題になったムーミンのフィンランド語とハンガリー語は近いらしいので、フィンランド語を調べてみたが、英語と同様の複数形（目：silmät）を使うようだった。

友人に会った瞬間、具合が悪そうだなと思う時がある。他者の健康状態を推測する手がかりを調べた従来の研究では、画像処理によって顔色や肌のきめ、白目の色などを変化させた顔写真を参加者に呈示して印象評定を行うという方法を使っていた。だから、実際に具合の悪い人の顔を見て、具合の悪い人であるかを正確に判断できるかどうかは、実は明らかにされてはいなかったのだ。誰だって、本当に具合の悪い人の顔を使うなんてことは、ちょっと無理だろうと思うだろう。ところが、それを

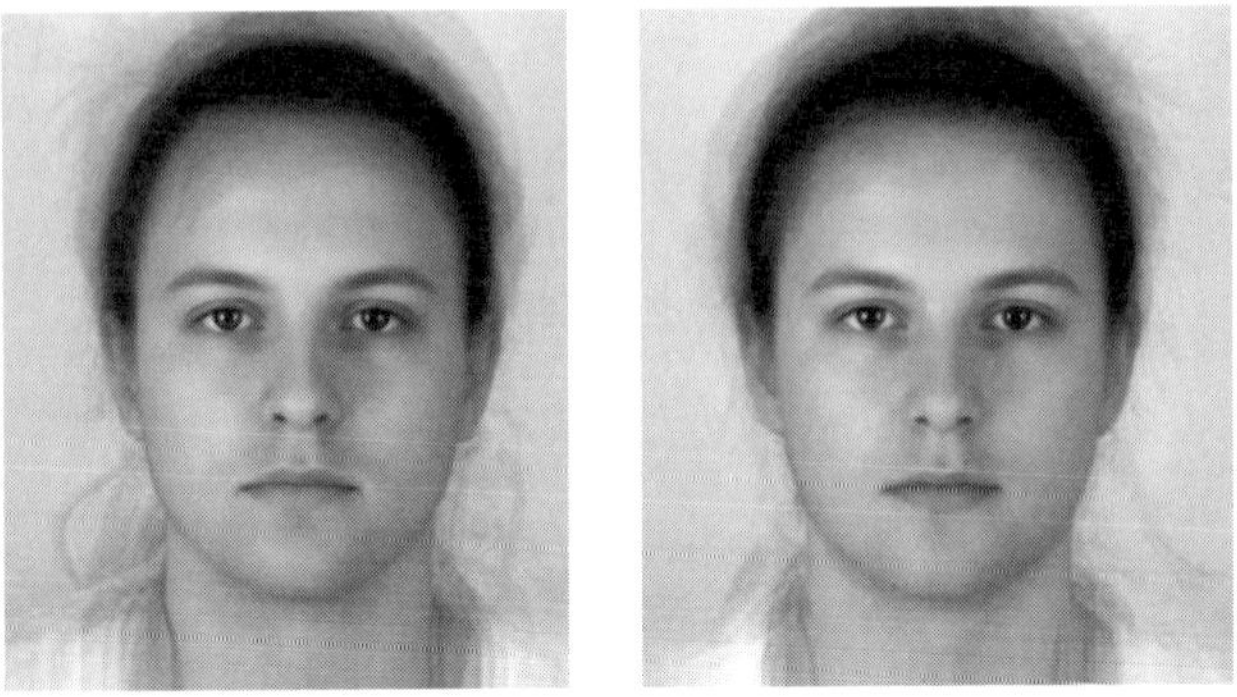

図　内毒素（左）または生理食塩水（右）を注射された人々の顔写真を合体させたもの（作成：Audrey Henderson、提供：John Axelsson）

やってのけたのが、スウェーデン（スウェーデン語も複数形を使い、目：ögon）のAxelssonら[1]で、一九〜三四歳の健康な参加者二二人を集め、なんと彼らに注射をしたのだ。一一人には、一時的に炎症反応をひき起こし、本人が具合が悪いと感じる程度に、細菌の内毒素の入った液体を注射し、対照群となる残りの半数には、単なる生理食塩水を注射した。効果の現れる二時間後、彼らの顔写真を撮ったのである。これらの写真を一枚ずつ、五秒間だけ参加者に呈示し、病気に見えるか健康に見えるかを評価してもらったところ、参加者らは八一パーセントの確率で具合の悪い人を当てた。注射された人々の顔写真を合体させたものが図に示されている。左の写真の顔はいかにも具合が悪そうだ。次に、別の参加者たちに、顔色、唇、目といった各部分の状態（たとえば顔色がよい／悪い）をたずねた。具合の悪さを評価する重要な手がかりとなった部分を特定するためだ。その結果、「ögon がとろんとしていて、顔色が悪い」が、具合の悪さを決定することが明らかとなったのである。

具合の悪い人を瞬時に見分けることは、病気の伝染を回避する重要な行動であると考えられている。ヒトは他者の顔を一瞬見ただけで病気であるかどうかを判断できることがAxelssonらの研究で示されたが、手がかりは顔だけではない。Poirotteら[(2)]によって、においも手がかりとなることがマンドリルというサルの研究で示された。サルたちが互いにグルーミングをすることはよく知られているが、寄生虫を多く持っている個体へのグルーミングの回数が少ないことが観察されたのだ。そこで、実験者たちは、寄生虫の多い個体に抗寄生虫薬を投与し、治療した後に群れに帰した。すると仲間からのグルーミングが増えたのである。マンドリルたちは寄生虫のいるフンと、そうでないフンをかぎ分けることができることも実験で確かめられた。マンドリルたちは、においで寄生虫の多い個体を見分けていたのだ。

イヌや線虫ががんをかぎ分けるという研究も進んでいる。顔や体臭から病気を判定するロボットなんていうものが登場するのも、そう遠くないのかもしれない。

引用文献

（1） Axelsson, J. *et al.* (2018). Identification of acutely sick people and facial cues of sickness. *Proceedings of the Royal Society B, 285*. doi: 10.1098/rspb.2017.2430

（2） Poirotte, C. *et al.* (2017). Mandrills use olfaction to socially avoid parasitized conspecifics. *Science Advances, 3(4)*, e1601721. doi: 10.1126/sciadv.1601721.

イメージを想起する

自宅の庭の一部を芝生にしているが、芝だけで地面を覆うことはどだい無理な話で、芝以外の植物があちこちから芽を出して広がっていく。二年前から勢力を伸ばしてきたのが「メリケントキンソウ」という植物だ。芝以外の植物が多少混ざっていても気にしなければよいのだが、メリケントキンソウにはとげがあるので困る。うちに遊びに来る子どもたちは、時には大人も、芝生の上で裸足になって寝転がるからだ。メリケントキンソウは秋に発芽し、春には五センチほどに成長するが、まだとげがないので摘み取るにはちょうどよい。天気のよい日に一つ一つ摘んでいる。こうして私の頭の中に、メリケントキンソウの表象が作られていくのだろう。

シジュウカラ（図）は危険が迫るとアラームコール（警戒音）を発するが、これはどうも一通りだけではないらしい[1]。その一つはヘビに対するもので、他個体の発したヘビのアラームコールを聞くと、ヘビを探すのだそうだ。そこで、Suzukiはヘビのアラームコールをスピーカーから流し、シジュウカラから見える地面や木の幹の上に、ひもを操作して、その先の小枝をヘビのように這わせた[1]（動画――http://movie-usa.glencoesoftware.com/video/10.1073/pnas.1718884115/video-1）。すると、シジュウカラは小枝に接近したのだ。まるで小枝がヘビであるかどうかを確認しているかのように。

ヘビに対するもの以外のアラームコールをスピーカーから流しても、このような行動は見られなかったことから、ヘビのアラームコールを聞いたシジュウカラは、ヘビのイメージを想起して探索し、ヘビのような動きをする小枝に想起したイメージを当てはめたのだろうと Suzuki は考えているようだ[1]。ヘビのイメージを想起するとは、ヘビの像を頭の中に描くということを言っているのだろうと思うが、アラームコールから想起されるのが図像的なものであると、なぜ言えるのだろう。ということを、このところ考え続けている。

図　何かのイメージを想起しているかもしれないシジュウカラ

警察犬が犯人のにおいを追って町中を歩き回るという場面を刑事ドラマで見ることがある。こんな時のイヌは犯人のイメージを想起などしていないだろう。誰も犯人を知らないのだから想起しようがない。それでもにおいを追うことは可能だ。ならば、においが飼い主のものだったらどうだろう。イヌはにおいをたどりながら、飼い主のイメージを想起しているのだろうか。
熊本県で「黒亭」というラーメン屋に行こうということになって最寄りの駅で市電を降りたのだが、場所がわからず、「さて、どうしたものか」と思っていたところ、夫が「こっちだ」と、空気中のとんこつのにおいをたどり始め、みごとに店を見つけたことがある。到着するまで店舗の外観を知らなかったので、具体的なイメージを持っていたはずもないのだが、たどりついた。

「ヘビだ！」と誰かが言った時、想起するものは何だろう。ヘビの色や形態だけだろうか。冷んやりした感じや這い回る音のこともあるかもしれない。想起するのは図像的なものに限らない。やはりよくわからないので、夫にちょっと聞いてみたら、（彼の訳した）『ギャバガイ！』（デイヴィッド・プレマック著／橋彌和秀訳、勁草書房、二〇一七年）をもう一度ちゃんと読んでくれと言われてしまった。

引用文献

（1） Suzuki, T. N. (2018). Alarm calls evoke a visual search image of a predator in birds. *Proceedings of the National Academy of Sciences of the United States of America*. 115(7), 1541-1545.

見つめられるとにっこり

カメラを向けられるといい顔をする。たいていは笑顔だ。カメラでなくても、友達の目がこちらに向いてもにっこりするだろう。では、知らない人の目がこちらに向いたらどうするだろう。いい顔をするのだろうか。

福岡から東京に行く時、新幹線を使うことが多い。五時間と少しかかるが、それでも空より地上を移動するほうが、何だか楽なような気がする。五時間のうち二時間ほどは寝ているせいかもしれない。残りの時間は本を読んだり、窓の外を眺めたりして、時々は通路を歩く。歩いていると知らない人とすれ違い、目が合うことがある。日本人はたいていすぐに目をそらす。「どうもすみません」などと言いながら目をそらすことすらある。なぜ謝るのかはわからないが、私もそうしているかもしれない。先日、新幹線の中で欧米人とすれ違った。その方は私と目が合った瞬間、にっこりしたので、私もにっこりして返した。

フィンランドのHietanenら[1]は、実験参加者（フィンランドの人）が実験協力者に見つめられる時、頬骨筋と皺眉筋のどちらが活動するかを調べた。頬骨筋とは、口角を引き上げる筋肉で、口もとがに

図　ネコに見つめられたら頬骨筋は動くのだろうか

っこりと動く時に活動する。一方、皺眉筋は眉間に縦じわを作る筋肉で、しかめっ面をする時に活動する。つまり、他者に見られた時、どちらの筋肉が動くかを調べることで、ヒトにとって他者の視線がポジティブなものなのか、ネガティブなものなのかを調べようというのだ。協力者は特定の表情を表出することなく、参加者を時々見るように訓練された。参加者は協力者を見ても、見なくてもよいと実験者に言われた。その結果、参加者は協力者に見られると、自身は相手を見ても見ていなくても、頬骨筋が活動したのである。もしも、参加者と協力者が見つめ合った時に頬骨筋が動いたというのなら、フィンランドの人は日頃から目が合うとにっこりするからではないかと思うだろう。しかし、目が合わなくても、協力者が笑顔でなくても、協力者に見られただけで頬骨筋が活動したというのだ。これをどう考えたらよいのだろう。

生まれて初めて、関西のローカル番組を見た時の衝撃を今でも覚えている。一人が発話すると、瞬時に、他の出演者たちがいっせいに、あれやこれやと発言し、さらにそれらの発言に対するさらなる発言が延々と続いたのだ。関東育ちの私はそれらすべての発言を処理できず、番組を見続けることに疲れ果ててしまった。関西育ちの友人によると、幼少期から、日々ぼけたり突っ込んだりしていて、関西のローカル番組のような環境で生活しているという。その結果が会話の瞬発力につながっているのだろうか。同じように、他人と目が合うとにっこりするということを日々経験し続けていたら、他者の視線を知覚しただけで、たとえ目が合わなくても、他者が笑顔でなくても、口もとがにっと動いてしまうということだってありそうだ。そうなると、他者の視線にポジティブに反応することは経験によるということになるのだろうか。

日本人は知らない人と目が合うと、目をそらしがちで、笑顔にならないようだと最初に述べたが、相手が乳幼児だったら笑顔になるかもしれない。乳幼児同士ではどうだろう。笑顔になるのだろうか。もし乳幼児が笑顔になるのだとすれば、他者の視線は乳幼児期にはポジティブなものとして処理され、その後、他者のいかんによって、ポジティブにもネガティブにもなるという可能性もありそうだ（図）。

引用文献

（1） Hietanen, J. K. *et al.*（2018）. Your attention makes me smile : Direct gaze elicits affiliative facial expressions. *Biological Psychology, 132*, 1-8.

北がわかる

毎年四月一日になるとグーグルマップが遊びをしかけてくる。二〇一八年は「ウォーリーをさがせ！」だった。いくつかの都市でウォーリーを見つけ出すという単純なゲームなのだが、最終ステージは難しかった。ウォーリーを探すべき都市（場所）自体を、グーグルアースを使って探し出すというのが課題だったのだ。見つけるまでにかなりの時間を要したおかげで、あらためてグーグルアースの衛星写真のすごさを知った。

グーグルアースを使って調査をした論文がある。ドイツのBegallらは世界中の牧草地の三〇八カ所でウシ八五一〇頭の体の向きを調べて、ウシの体が南北の方角に向く傾向があるということを発見したのだ(1)。試しに私も牧場を検索してウシの姿を探してみた。三〇分ほどかけてやっと熊本県の玉名牧場でウシの姿を発見した（図）。たしかに、七頭ほど確認できたウシのうちの六頭が南北を向いている。こうやって八五一〇頭も調べたのには恐れ入った。ただ、図のようにグーグルアースの画質ではウシの頭がどちらを向いているかまではわからない。そこで、アカシカとノロジカをチェコで直接観察したのだ。まず、シカが雪の上に寝た時にできた形（一二三四七頭）から体の向きを調べたところ、ウシと同様にシカも南北に体を向けていることがわかった。さらに、一六二七頭のシカが草を食べたり、休んだりしている時を観察したところ、ほとんどのシカが頭部を北に向けていることを発見したのである。

おもしろい現象だ。以前から牧場主たちはウシが同じ方角を向いていることに気づいてはいた。ウシは太陽の光をたくさん体に当てるようにしているのだとか、風が体になるべく当たらないようにしているのだなどと考えられていたようだ。しかし、グーグルアースのウシたちの影を見れば、衛星写真の撮影時間はどれも正午前後のようで、太陽光を浴びるために体を南北に向ける意味はなさそうだ。また、風を避けているのであれば、ウシが撮影された時、世界のどの場所でも北あるいは南から風が吹いていたということになる。これはどう考えてもなさそうだ。さらに、シカの雪に残された寝床の跡は夜ついたものだ。太陽は関係ない。気象データから、その夜に風は吹いていなかったことも確認されている。

図　グーグルアースで見つけた玉名牧場のウシ

そうなると、いたるところでウシやシカが南北を向く理由は何だろう。地磁気が最も有力な要因だとBegallらは考えているようだ。地磁気を知覚して南北に体が自然と向いてしまうのだろうという。しかし、動物が地磁気を知覚するしくみはまだ解明されていない。つい最近、鳥類で、ヨーロッパコマドリ[2]とキンカチョウ[3]の網膜に「クリプトクロム」というタンパク質があり、これが地磁気を感知しているのではないかとする論文が発表された。このクリプトクロムは、ヒトを含めた哺乳類の網膜にも存在しているのだ。

それにしても、南北に体が向くことに何か利点があるのだろうか。「北」で思いつくのは地図だ。地図はだいたい北が上になっている。「山手線の渋谷駅は左のほうにあって、品川駅は下のほう」といった具合に、頭の中で地図を作る時の基準となり、認知地図を作りやすい。ウシやシカも自身の体が常に北を向いていれば、それが基準となり、認知地図を作りやすくなるのかもしれない。それにしても地図の上はなぜ北なのだろう。もしかしたらヒトにも北を知覚する能力があって、北が前方を示すのかもしれない。いつだったか『探偵！　ナイトスクープ』というテレビ番組で、「北がわかる男」が登場した。その男性は、目隠しをされて連れて行かれたほとんどの場所で、「北」の方角をぴたりと当てたのだ。「北がわかる男」の網膜にはクリプトクロムが大量に存在しているのだろうか。

引用文献

（1）　Begall, S. *et al.*（2008）. Magnetic alignment in grazing and resting cattle and deer. *Proceedings of the National Academy of Sciences of the United States of America, 105(36)*, 13451-13455.

（2）　Gunther, A. *et al.*（2018）. Double-Core Localization and Seasonal Expression Pattern Suggest a Role in Magnetoreception for European Robin Cryptochrome 4. *Current Biology, 28(2)*, 211-223.

（3）　Pinzon-Rodriguez, A. *et al.*（2018）. Expression patterns of cryptochrome genes in avian retina suggest involvement of Cry4 in light-dependent magnetoreception. *Journal of the Royal Society Interface, 15(140)*. doi: 10.1098/rsif.2018.0058

眉毛ダンス

調べてみると、九年も前だった。イギリスのチョコレートのコマーシャル（CM）のことだ（https://www.youtube.com/watch?v=g0uWBog2Oi8）。軽快な音楽に合わせて、子どもたちが左右の眉毛をうねうねと動かすのだが、その眉毛の動きがすごい。すごすぎる。「Eyebrow Dance」と言うらしい。

左右の眉毛を独立に、さらに、眉毛の内側と外側をも各々に動かすという芸当ができるのは、どうやらヒトだけらしい。もちろん、ヒトだからといって、みんながみんな、CMの子どものように自由自在に動かせるわけではない。特に、片眉だけを動かすことが難しい。「スタートレック」のスポックの真似をしたくて、片眉だけを上げる練習をした人の中には、できるようになった人もいるだろうが、うちの夫のように全然駄目だった人もいるだろう。チンパンジー（図A）やゴリラやニホンザルは、ヒトが悲しい時にする両眉の内側を上げることができないらしい。目の上に張り出した眼窩上隆起の全体をぐいと引き上げはする[1]（図B）。眉を動かす表情筋が違うのだそうだ。その表情筋は額にある。ヒトの額は広いので、眉を動かす筋肉や神経が複雑であっても格納できるのだ。現代のヒトにはチンパンジーのような眼窩上隆起はない。ヒトのその部位は「眉上弓《びじょうきゅう》」と言われている。

図A　チンパンジーの顔
眼窩上隆起には毛はない

図B　眼窩上隆起を引き上げている
額に皺が寄っている

ところが、二〇万年前のヒトの祖先は、チンパンジーの眼窩上隆起に似た、突き出た眉上弓を持っていた[2]。Cieriらは、過去二〇万年間のヒトの頭蓋骨の変化を調べ、眉上弓が徐々に小さくなったことを明らかにした。この変化には、アンドロゲンやテストステロンの減少が関係していて、人類は徐々に女性化したとCieriらは言う[2]。立派な眉上弓は強さや攻撃性を示すのにはよいが、ある時からヒトの祖先は攻撃性よりも他者との協力的なやりとりが重要になり、眉毛を使ったコミュニケーションを行うようになったのではないかと考えられている[2]。

実は長年、眼窩上隆起や突き出た眉上弓があれば、かたい食物をかんでも疲れないと思われていた。火を使い食物を煮炊きするようになり、食物がかたくなくなり、ヒトの眉上弓は小さくなったという仮説だ。そこで、Godinhoらは、突き出た眉上弓を持つ、とてもよい保存状態の三〇万～一二万五〇〇〇年前のホモ・ハイデルベルゲンシスの頭蓋骨をスキャンし、コンピュータグラフィックスを作成し、その眉上弓の大きさを変えて、咀嚼との関係を調べた[3]。すると、眉上弓の大きさを変えても咀嚼の力は変わらないこと、解剖学的に眉上弓には何の機能もないことがわかったのだ。この結果から、Godinhoらは、Cieriらのように、ホモ・ハイデルベルゲンシスの突き出た眉上弓は、コミュニケーションに使われたのだろうと言う。ホモ・ハイデルベルゲンシスの頃、と言ってもホモ・ハイデルベルゲンシスはヒトの直接の祖先ではないとされているが、三〇万年前のヒトの祖先も大きな眉上弓を持っていて、それで強さや攻撃性を誇示したのではないか。その後、眉上弓がどんどん小さくなり、眉毛の動きを使って、互いを受け入れ合う協力関係を築いたのではないかとGodinhoらも考えている[3]。

ヒトの眉毛がくねくね動くようになるまでには、ずいぶんと長い年月が必要だったようだ。眉毛が動く時は目の形も変わる。ヒトの祖先が突き出た眉上弓をコミュニケーションに使っていたというのなら、彼らは目も使ってコミュニケーションを行っていた可能性もありそうだ。

引用文献

（1） Vick, S. J. *et al.*（2007）. A cross-species comparison of facial morphology and movement in humans and chimpanzees using the Facial Action Coding System（FACS）. *Journal of Nonverbal Behavior, 31(4)*, 1-20.

（2） Cieri, R. L. *et al.*（2014）. Craniofacial feminization, social tolerance, and the origins of behavioral modernity. *Current Anthropology, 55(4)*, 419-443.

（3） Godinho, R. M. *et al.*（2018）. Supraorbital morphology and social dynamics in human evolution. *Nature Ecology & Evolution, 2*, 956-961.

見つめれば顔がピカソ

誰かと見つめ合う時間はたいてい短い。一〇分間じっと見つめ合ったことがあるという人は、多分いないだろう。そんな経験は私にもないし、長い時間見つめ合ったからといって、どうなるものでもないと思っていた。それはそうだ。見つめ合ったからといって、いったい何が起こるというのだ。ところがCaputoはそれをやって、長い時間見つめ合うと幻覚が生じるということを発見してしまった。[1][2]

実験の参加者らは「目を開けたままでの瞑想を体験してもらいます」とだけ告げられる。顔の特徴は認識できるが、色情報はややあいまいになるぐらいの薄暗い部屋（〇・八ルクス、ろうそくの明るさぐらい）で、二人の参加者は対面して座る。特定の表情などは作らず、顔を自然な状態に維持したまま、相手の目をじっと一〇分間見る。それだけだ。参加者らはその後、明るい部屋に移動し、一〇分間のできごとについて質問された。実験はとても簡単なのだが、結果はすごい。二〇人の参加者全員が何かしらの幻覚を見てしまったのだ。たとえば、相手の顔が自分の顔や知り合いの顔になったり、知らない人の顔や幼児の顔になったり、イヌやネコといった動物の顔やモンスターになったりもしたそうだ。どの参加者も「今までにない体験だった」と言ったのだ。そんな体験をみなさんもしてみたくなりませんか。私もしたい。実は手軽にすぐにできるのだ。

Caputo は、鏡に映った自分の顔の目を見るだけでも幻覚が生じることを発見している[(2)(3)]。やはり薄暗い部屋のほうがよいらしい。論文を読んだその日の夕暮れ、さっそく挑戦してみた。窓からの薄ら明かりの中で、鏡に映る自分の目をじっと見たのだ。すると一分もしないうちに顔が動き始めた。最初に鼻と口が消えた。びっくりしてまばたきをしたら、鼻と口は元に戻ったので安心したら、今度は眉毛がぐんぐん伸び出し、メキシコの画家であるフリーダ・カーロのような眉毛になったのだ。そのうち、鼻や口が動き始め、パブロ・ピカソの描く帽子をかぶった女性たちのようないびつな顔になったのである。もうびっくりだ。鏡に映っているのは、毎日見ている自分の顔のはずなのに、それがこんなことになるとは、一体何がどうなってしまったというのだろう。

図　トロクスラー消失の一例

中央の黒い点を眺めていると、周囲の輪が消える

いくつかの錯視現象と無意識に生じる投影や共感によるものではないかと Caputo は考えている。一つ目はトロクスラー消失（Troxler facing：図）で、中央を凝視していると、だんだんと周囲にあるものが見えなくなるという現象だ。私が体験した鼻や口が消えたのは、これで説明できそうだ。二つ目がゲシュタルト崩壊（Gestaltzerfall）で、目をじっと見つめることで、顔全体の処理があやふやになり、

個々の構成要素である鼻や口などが別個に認識され、鼻や口の位置関係が崩壊するという現象だ。この結果、鼻や口が動き出すと考えられる。しかし、自分の顔が動物の顔になったり、他者の顔になったり、モンスターになったりすることは錯視現象では説明できない。Caputoによれば、目の前の顔に対して、無意識に自己を投影しているのではないかというのだが、実はまだよくわかってはいない。それにしても、自己を投影したら顔がモンスターになるというのは、何とも不思議だ。

毎日、ＮＨＫ・Ｅテレの『びじゅチューン！』のホームページで曲を聴いている。最近は「Walking! ニケ」と「アイネクライネ唐獅子ムジーク」をヘビーローテーションしているが、「審判はフリーダ」も時折聴いているので、鏡の中で、私の顔の眉毛がフリーダのようになったのは、この影響かもしれない。

引用文献

（１）Caputo, G. B.（2015）. Dissociation and hallucinations in dyads engaged through interpersonal gazing. *Psychiatry Research, 228*(*3*), 659–663.

（２）Caputo, G. B.（2013）. Archetypal-imaging and mirror-gazing. *Behavioral Sciences, 4*(*1*), 1–13.

（３）Caputo, G. B.（2010）. Strange-face-in-the-mirror illusion. *Perception, 39*(*7*), 1007–1008.

目の色が変わるグッピー

グッピーは目の色が変わる。カリブ海のトリニダード島に生息するグッピー（図A）は、餌をめぐって身体の大きい個体が小さい個体を追いかけたり、つついたりといった攻撃をする時に、目の色が変わるのだ[1]（動画――https://phys.org/news/2018-06-guppies-eye-deter-rivals.html）。攻撃する身体の大きい個体の虹彩が銀色から黒色に一瞬で変わり、身体の小さい個体はただ逃げるだけで虹彩の色も銀色のまま変化しない。虹彩が黒色になると、大きな黒い丸になり、とても目立つ。なぜ虹彩が黒くなるのか、黒い虹彩をグッピーたちは互いに認識し合っているのか、黒い虹彩には意味があるのかといったことなどは全然わかっていない。もしかしたら、グッピーの攻撃的な行動と連動して虹彩が黒くなってしまうだけで、グッピーたちは他個体の虹彩の色の変化など気にも留めていないかもしれない。あるいは、虹彩が黒色になると、その個体が攻撃的であるとグッピーたちは認識しているかもしれない。そこで、グッピーたちの虹彩の色に意味があるかどうかを調べるために、Heathcote らは、本物そっくりの銀色の虹彩のグッピーロボットと黒色の虹彩のグッピーロボットを作製した[1]（図B）。ロボットの大きさはグッピーの平均体長（約二センチ）とした。こうすれば、ロボットよりも身体の大きい

図A　本物のグッピーと餌のかたまり
（提供：Robert Heathcote）
上のグッピーの虹彩色は黒色で、下のグッピーの虹彩色は銀色

図B　本物そっくりのロボットグッピー（提供：Robert Heathcote）
上のロボットグッピーの虹彩色は銀色で、下のロボットグッピーの虹彩色は黒色

本物のグッピーにも小さい本物のグッピーにもロボットを対面させることができるからだ。

ロボットグッピーが図Aのような、直径二センチほどの餌のかたまりのすぐそばにいる。まるで餌を守っているかのように餌の真上あたりにいる。そこに本物のグッピーを入れるのだ。ロボットの身体が本物のグッピーよりも大きいか小さいか、ロボットの虹彩が銀色か黒色かで、本物のグッピーが餌を盗み食いするかどうかを調べるのである。その結果、ロボットよりも身体の小さい本物のグッピーは、ロボットの虹彩が銀色の時に、より長い時間、餌を盗み食いした。ところが、ロボットよりも身体の大きい本物のグッピーは、ロボットの虹彩が黒色の時により長い時間、餌を盗み食いしたのである[1]。

ロボットの虹彩色によって、グッピーの行動に変化が見られたことから、グッピーは虹彩の色を区別して、それに基づいて行動を変えたと考えられる。ロボットの虹彩が銀色の時に身体の小さい本物のグッピーは餌を食べに行くことが多かった、という結果はわかりやすい。銀色の虹彩の個体は攻撃態勢にないから、餌を食べに行ったのだろうと推測できる。しかし、わからないのは身体の大きな本物のグッピーの行動だ。なぜ彼らは自分よりも身体の小さいロボットの虹彩が黒い時により長い時間、盗み食いしたのだろうか。身体が小さいグッピーの虹彩が黒いことは通常ありえないことなので、ありえない状況に対する反応だったのかもしれない。あるいは、身体の大きい個体は相手の目が黒く大きいと、より好戦的になるのかもしれない。詳しい理由はまだわからないが、とにかく体長二センチほどの小さいグッピーが、互いの目の色を気にしていることが明らかとなったのだ。

大学院生の時、「私の机に赤い旗が立ててある時は、機嫌が悪いという印だから話しかけないでね」と同級生に言われた。その日以来、彼女の机の旗を気にして、赤い旗の立っている日は彼女に近づかないようにしていたことを突然思い出した。グッピーも虹彩を黒色にして、自分の攻撃性を伝えているのだろうか。

引用文献

（1） Heathcote, R. J. P. *et al.* (2018). Dynamic eye colour as an honest signal of aggression. *Current Biology, 28(11)*, R652-655.

紫っぽい青と青っぽい紫

このところ、青色の洋服ばかりを着ている。暑さのせいかもしれない。少しでも涼しい気分になるようにと、青を手に取ってしまうのだろう。青といっても、様々な色がある。たとえば、本書カバー袖の図の色のうち「青」はどれだろう。「上から四行目の左から三つ目までかな」というように「青」を決めることができるのは、「青」というカテゴリーとその概念を持っているからだ。色に限ったことではない。イヌというカテゴリー、小説というカテゴリー、顔というカテゴリー、すべてのものをカテゴリー化している。カテゴリー化しないと個々のものをそれぞれ、たとえば先の図の色をすべて記憶しなくてはならなくなる。だから、カテゴリー化して認知処理をぐっと楽にしているのだ。

Levariらの実験で使われた青から紫のグラデーションは、先の図よりもさらに細かく、全部で一〇〇色だった[1]。実験では、一〇〇色の円のうちの一つだけがモニターに〇・五秒間呈示される。参加者はその円の色が「青」か「青ではない」かを答えるというのが課題だ。とても簡単だが、一〇〇〇問も答えなくてはならないので大変だ。一〇〇〇問を、最初の二〇〇問、次の二〇〇問……、最後の二〇〇問と五つのブロックに分け、それぞれの二〇〇問では、図の中央の横線で分けられた上半分の青グループと下半分の紫グループから同数が出題されるようにした。こうして最初の二〇〇問から最後の二〇〇問まで一定の割合で「青」が出てくる。参加者は青の判断を途中で変えてはならない。最初に自分で「このあたりまでが『青』だな」と、たとえば、四行目の左から三つ目あたりまでと決めたら、最後までその判断を維持することはできそうに思える。実験結果も一〇〇〇問の最初の二〇〇問と最後の二〇〇問の回答を比較したところ、参加者の判断に変化は見られなかった。

ところが、次の実験でLevariらは青グループと紫グループの出現頻度を操作したのだ。最初の二〇〇問では、青グループの出現頻度は五〇パーセントなのだが、二〇一～二五〇問では四〇パーセント、二五一～三〇〇問では二八パーセント、三〇一～三五〇問では一六パーセント、そして、三五一～一〇〇〇問では六パーセントと、青グループの色の出現頻度をどんどん減らした。まあ、だからと言って、色の判断が変化するとは思えない。誰もが「そんなことで私の色の判断が変わるなんてことはない。紫っぽい青は青だし、青っぽい紫は紫だもの」と思うだろう。さらに、実験者から「途中から青色の出現頻度が減少します。最初から最後まで『青』の判断が変化しなかったら、賞金がもらえます」と告げられる。参加者らは「青」の判断を変えずに答えることに力を注いだはずだ。にもかかわらず、参加者たちの判断は変化してしまった。どう変化したかというと、最初は「青ではない」とした色を後半は「青」と判断したのだ。青グループの出現頻度が減少した結果、「青」の判断基準が広がってしまったのである。ということは、青グループの出現頻度を上げると結果は逆になるということだろうか。Levariらは、それも実験で確認している。青グループの出現頻度を上げていくと、当初は「青」と判断していた色を「青ではない」と判断するようになったのだ。何だか恐ろしい。自分の判断が変化したことに自分で気がついていないということが怖いのだ。ヒトの判断は絶対的なものではなく、簡単に変化してしまう。それは青と紫の判断だけではない。赤と黄だって同じことだ。

色の話で終わらなかった。Levari らは青から紫のグラデーションの代わりに、「危険人物に見える顔」から「危険人物には見えない顔」のグラデーションを作成した。参加者はモニターに呈示された顔が危険人物に見えるかどうかの判断を求められた。結果、色の判断と同様に、危険人物に見える顔の出現頻度を下げていくと、最初は危険人物と判断しなかった顔を危険人物だと判断するようになったのである。

カテゴリーはゆらぐ。昨日まで紫のカテゴリーに入っていた色が、今日は青のカテゴリーに入ってしまう。その変化に自分では気づかない。それは「青」や「危険」というカテゴリーだけではなく、たとえば「正しい」というカテゴリーも、「犯罪」というカテゴリーも、簡単に変化してしまうということだ。誰も気づかないうちに。

引用文献

（1） Levari, D. E. *et al.* (2018). Prevalence-induced concept change in human judgment. *Science, 360*, 1465–1467.

父はスローモーションで落ちて行った

先日、母からメールが届いた。デパートの階段から父が落ちたという。下から四段目からだったため、大事には至らなかったようでほっとしたのだが、隣を歩いていた母は心底びっくりしたようだった。次の日、落ち着きを取り戻した母からのメールには「落下していく父の様子がスローモーションの映像を見ているみたいでした」と書かれていた。スローモーションのように感じる経験は誰もが持っているだろう。しかし、なぜ、スローモーションになるのかはよくわかっていないし、スローモーションは恐怖体験中に生じているのか、それとも記憶を再生した時にスローモーションになるのかもわかっていない。もし、恐怖体験中にスローモーションになるのなら、視覚情報処理の時間解像度が高くなり、周囲の動きがゆっくり見えると考えられている。あるいは、記憶を再生した時にスローモーションになるのなら、記憶した情報密度が高いためであると考えられている。さて、どちらなのだろうか。両方なのか、それとも別の答えがあるのか。

この問いに正面から挑戦したのが Stetson ら[1]だ。テキサス州に Zero Gravity（www.gojump.com）というテーマパークがある。ここには五つの恐怖アトラクションがあり、そのどれもが高いところから

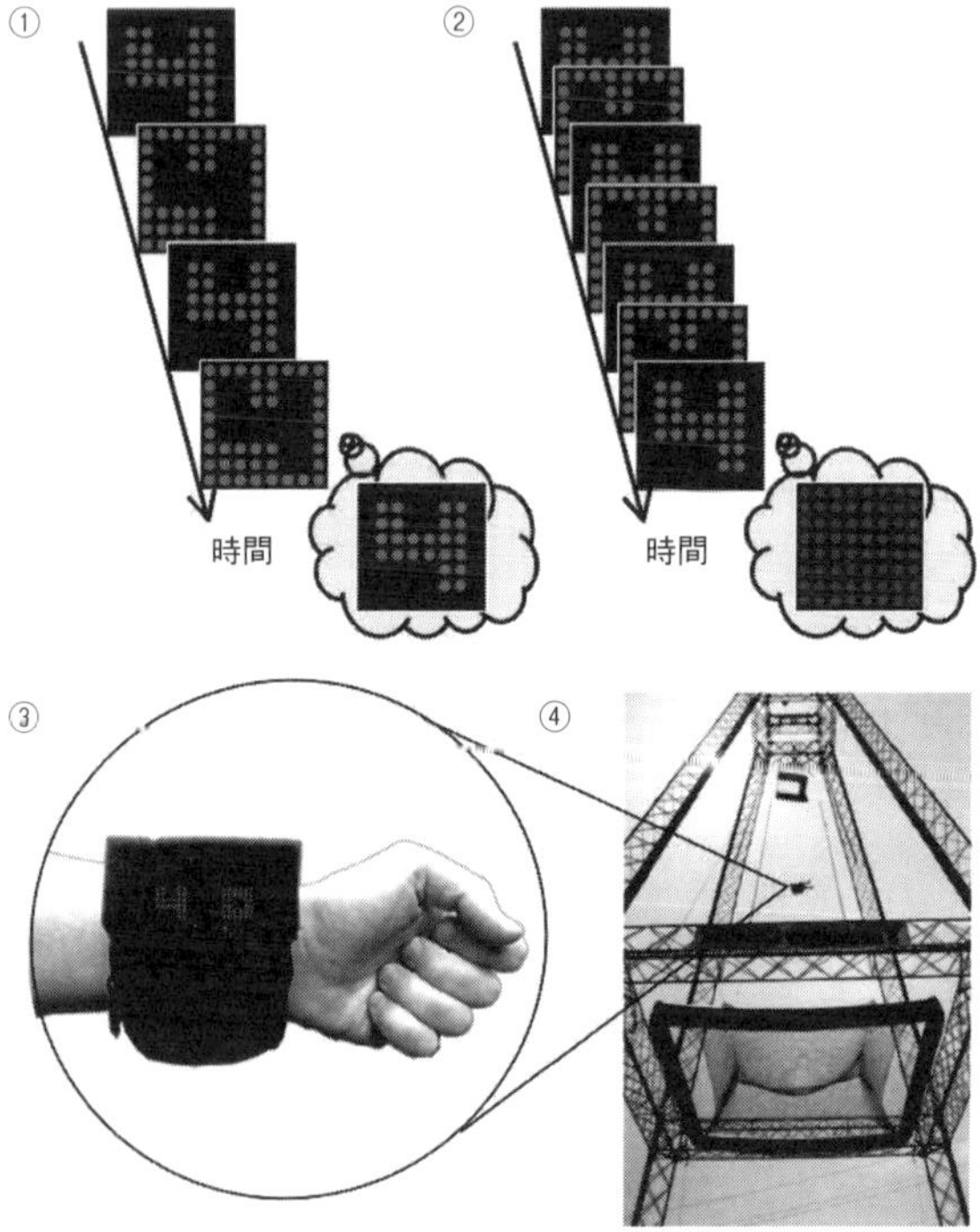

図　Stetsonらの実験方法[1]

落ちる系なのだ。Stetsonら[1]の実験はZero Gravityのアトラクションの一つである地上四六メートルの塔を使って行われた（図④）。地上四六メートルから塔の下に張られているネットに落ちるというアトラクションだ。落ちる距離は三一メートル、時間にすると二・四六秒だそうだ。参加者には課題が二つ与えられた。一つ目の課題は、参加者は自身が落下する前に他の参加者が落下するのを見た後で、その落下時間をストップウォッチを使って「これぐらいかな」と答える。その後、参加者自身が落下し、落下後に自身の落下時間をストップウォッチで答えるというものだ。二つ目の課題は、参加者の手首に図③のような、LEDライトで数字が表示されたリストバンドが着けられた。図①のように、ライトのオン／オフがゆっくり切り替われば数字を読むことができるが、図②のように切り替わる速度が速いと読めなくなる。参加者たちは数字が読める速度をまずは地上で測定した後、落下中も測定するのだ。ただし、落下中に答えるのは難しいため、落下中はリストバンドに表示される数字を見ながら落ちて行き、落下後に見えた数字を答えるという方法だった。参加した女性の一人はずっと目を閉じてしまい、リストバンドを見ることはできなかったそうだが、それ以外の参加者はリストバンドの表示を見ていたそうだ。もし、落下中に視覚情報処理の時間解像度が高まるのであれば、地上よりもオン／オフを切り替える速度が速くても数字が読めるのではないか。それを調べようというのだ。

さて、一つ目の課題、ストップウォッチで答えた落下時間だが、他者の落下時間は平均二・一七±〇・二四秒だったが、自身の落下時間は平均二・九六±〇・五一秒と長くなった。二つ目の課題、時間解像度は、数字を読む実験の落下前と落下後で参加者が読めた数字の表示の切り替え速度に差はなかったのである。残念ながらこの実験では、落下中に時間解像度が高くなり、スローモーションに見えるという証拠は得られなかった。しかし、参加者らは自身の落下時間を他者の落下よりも長く報告した。このことから、落下中は記憶の密度が高くなり、それを後に再生すると時間がかかり、長く感じるのだとStetsonらは説明している。

記憶を再生する時、濃密な記憶ほど時間がかかるということらしい。それなら、初めて歩く道で、行きの道はとても長く感じるが、帰りの道は短く感じるのも同じことなのだろうか。初めての道では、あれこれ記憶するために、その密度が高くなり、長く感じるのだろうか。しかし、行きの道を再生した時、スローモーションになっているだろうか。長く感じることが必ずしもスローモーションになるとは限らないのだろうか。スローモーションにはまだ謎が残っている。

引用文献

（1） Stetson, C. *et al.* (2007). Does time really slow down during a frightening event? *PLoS ONE*, *2*(*12*), e1295.

顔に見えたり壺に見えたり

ヒトの脳の活動を測定する実験では、たいてい参加者が何かをしている時の活動を測定する。たとえば、参加者が顔の写真を見ている時とものの写真を見ている時の活動を比較することで、ものではなく、顔を見ている時に活動する脳の部位が特定される。一九九七年にKanwisherら(1)は様々な「顔」刺激、たとえば、ヒトの正面顔はもとより、横顔でも動物の顔でも線画の顔でも、とにかく顔であれば何でも反応する部位を紡錘状回に発見し、その部位を紡錘状回顔領域(fusiform face area : FFA)と名づけた。今では、顔に反応する領域は後頭葉と側頭葉にも見つかっていて、それぞれ後頭葉顔領域(occipital face area : OFA)と上側頭溝顔選択的領域(face-selective region in the superior temporal sulcus : fSTS)と呼ばれている。

多義図形というのがある。一つの図形でありながら二種(あるいはそれ以上)の見え方が可能な図形のことで、曖昧図形とも言うらしい。たとえば、ネッカーの立法体(図A)がそれだ。一八三二年にルイス・アルバート・ネッカーが発見した錯視図形で、図Aの左側の立方体は右側の二つの立方体のどちらにも見える。ルビンの壺(図B)というのもある。一九一五年にエドガー・ジョン・ルビンが

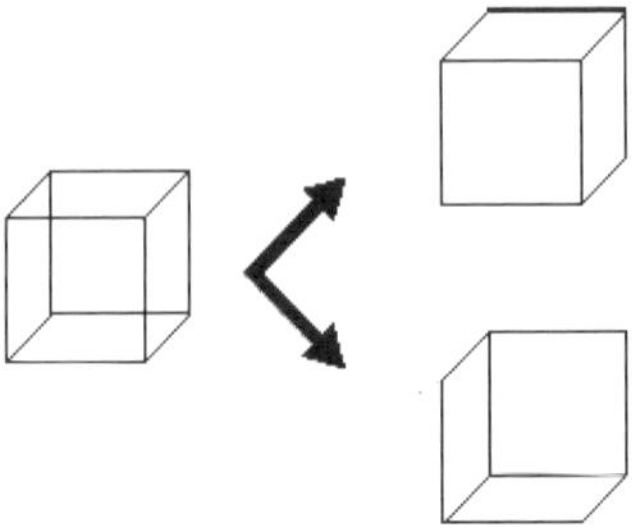

図A　ネッカーの立法体

図B　ルビンの壺

考案した図形で、白い部分に注目すると壺が見え、黒い部分に注目すると横顔が見える。無意識にただ見ているだけで、壺が見えたり顔が見えたりが繰り返される。見ている図は変化していないし、網膜に映る像だって変化していない。変化しているのは、脳の中の何かということになる。このルビンの壺を見ている時の参加者の脳の活動を測定すると、参加者が壺ではなく、顔を見ている時に参加者のＦＦＡが活動した[2]。参加者は顔を認識しているのだから、ＦＦＡが活動していたと聞いても、それほどの驚きはない。それよりも壺が見えたり顔が見えたりする、そのきっかけというか理由は何だろう。

　ボーっとして何もしていない、何も考えず、のんびりしている時でも、脳は激しく活動していることがわかってきた。安静時脳活動というが、これを測定する時、参加者は「頭を空っぽにして、何も考えないでください」と言われるのだそうだ。「何も考えるな」と言われると何か考えてしまいそうで難しいと思うのだが、そういう人は参加者にはなれないのだろう。安静時の脳への血流量は課題を行っている時の血流量の一割ほど少ないだけで、安静時でも多くのエネルギーを使って脳が活発に動いているということを意味する。そこで、脳は安静時にも何か重要なことをしているに違いないと考えられているのだ。Hesselmannら[2]はルビンの壺が呈示される前の安静時の脳の活動を測定し、ルビンの壺が呈示された後に壺か顔のどちらが見えたかを参加者に答えてもらい、その時の脳の活動も調べた。その結果、ルビンの壺が呈示された直後に「顔が見えた」と答えた参加者は、「壺が見えた」と答えた参加者よりも、ルビンの壺の呈示前にＦＦＡがより活動していたのだ。安静時の活動がその後の見え方に影響を及ぼしたのである。

安静時の脳の活動については、まだよくわかっていないことが多い。すぐに脳が活動できるように、安静時も活動して待機しているのではないか、あるいは、最近の出来事を処理して記憶することと関連しているのではないか、などと考えられている。ボーっとしていても寝ていても、脳や心臓や肺や身体のいろいろな部分が活動している。休んで、ボーっとしているのは私だけのようだ。チコちゃんに叱られそうな、ボーっとしている「私」とはいったい何だろう。

引用文献

（1） Kanwisher, N. *et al.* (1997). The fusiform face area: A module in human extrastriate cortex specialized for face perception. *Journal of Neuroscience, 17(11)*, 4302-4311.

（2） Hesselmann, G. *et al.* (2008). Spontaneous local variations in ongoing neural activity bias perceptual decisions. *Proceedings of the National Academy of Sciences of the United States of America, 105(31)*, 10984-10989.

白地に黒と黒地に白は全然違う

ムーミンは横目ができるが、キティはできない。たぶんミッフィーもできない。ムーミンの目は白い強膜と黒い虹彩でできているが、キティやミッフィーには黒目しかない。だからキティとミッフィーの目はいつも正面を向いている。それでよいのか？　それでもかわいいのか？　いや、だからこそ、ハリネズミのようにかわいいのかもしれない。横目ができると、突然ヒトっぽくなり、細かい感情表現が可能になる。すると、ものすごくネガティブな表現だってできてしまう。それがかわいいということもあるかもしれない。結局、どちらの目もかわいいというありきたりの結論になるのだろうか。

ヒトっぽい目は図①②のような目で、白い地に黒丸だ。静止画の図②を見れば、すぐに円柱のおもちゃに目が向くだろう。では、静止画の図④のような白黒を反転させた目はどうだろう。円柱のおもちゃに目は向かないのではないだろうか。それどころか、左側にあるおもちゃに目が向いてしまう。白よりも黒のほうが知覚的に重たいため、黒い強膜のほうに注意が向いてしまうのだ。ヒトとして生まれてからずっと、ヒトに囲まれて生きている。ヒトの目が白い強膜に黒や青の虹彩からできているため、それに慣れ親しんだ結果、このパターンに敏感に反応してしまうのだろうか。だとすれば、そ

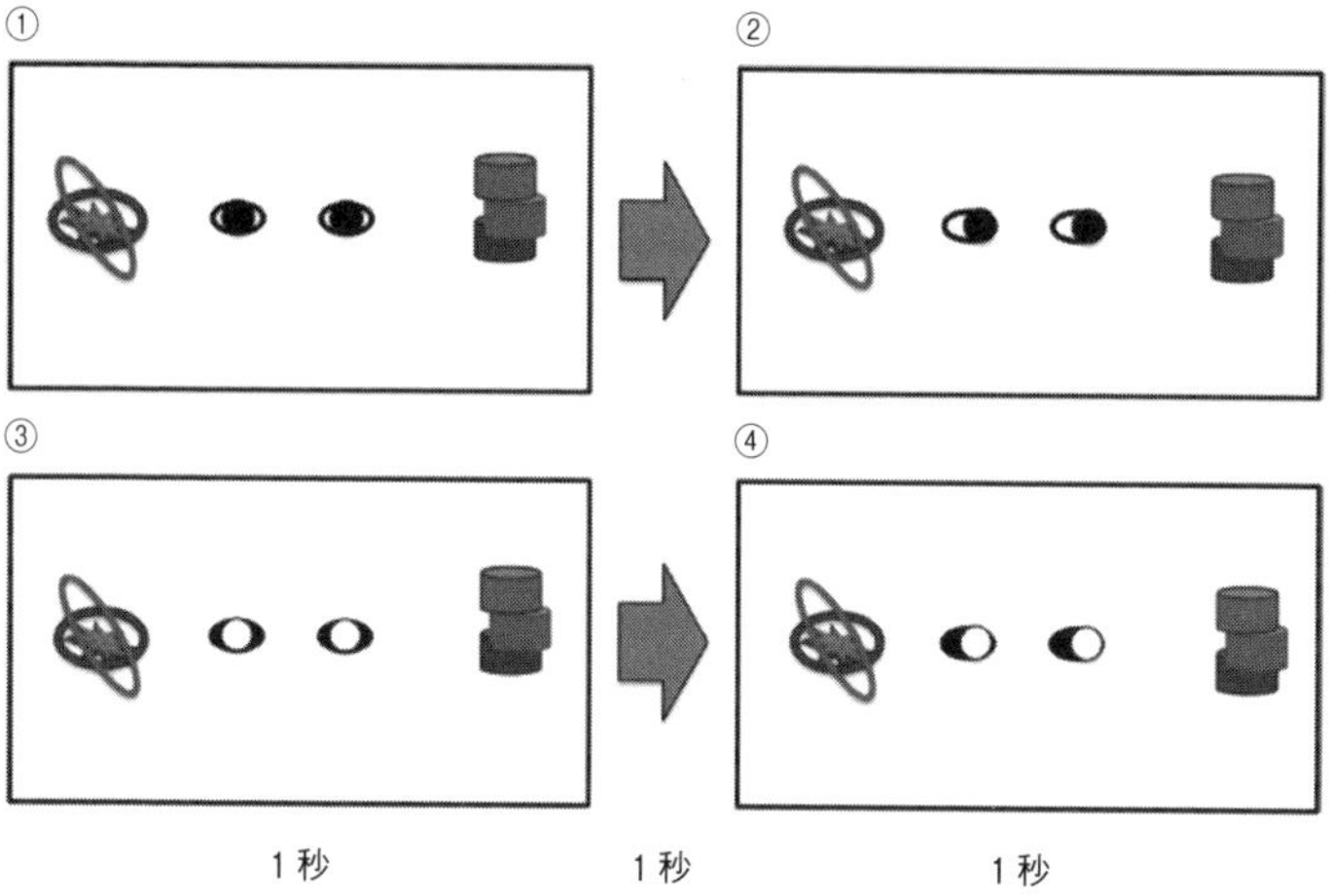

図　実験方法（Michelらの実験[1]を参考に作成）

れはいつ頃からなのだろうか。それを調べるために、Michelらは図のような動画刺激を使って、生後四カ月の乳児を対象に実験を行った[1]。

モニターにおもちゃが二つとその真ん中に両目が現れ、一秒間、目はまっすぐ前を見ている（図①）。次の一秒間で右あるいは左に虹彩が動き、一秒間そのままの状態（図②）の後、画面が消える。この後、乳児の視線をモニターの中央に戻すために、モニターの中央に★が現れ、二秒間くるくる回ってから消える。最後に、先ほどの二つのおもちゃだけが再び一〇秒間現れる（目はない）。この最後の一〇秒間で、乳児がそれぞれのおもちゃを見た時間を測定した。その結果、目が通常の白地に黒の時（図①、図②）では、乳児はモニターの目が見ていなかったほうのおもちゃをより長く見た。最後に呈示されるおもちゃの位置を左右で入れ替えても、乳児はモニターの目が見ていなかったほうのおもちゃをより長く見たのである。乳児は黒い虹彩の動きを追った↓その先のおもちゃを見た↓そのおもちゃを記憶したと考えられる。すると、もう一方のおもちゃは乳児にとって見たことのない、新奇なものとなる。生後四カ月の乳児は見たことのない新しいものを好んで見るという性質があるため、最後の一〇秒間で乳児は、乳児にとって新奇なおもちゃをより長く見たと考えられる。

次に白黒が反転している目の場合（図③④）、図④の後の一〇秒間でおもちゃの位置を入れ替えない時は左のおもちゃをより長く見たのだが、おもちゃの位置を左右で入れ替えても、やはり左にあるおもちゃをより長く見たのだ。先ほど右を見たから今度は左を見たと考えられる。乳児は白い虹彩の動きを追って右を見たことは記憶していたが、右のおもちゃを記憶してはいなかったのだ。

「白地に黒の目」が見たものを自分も見て、それを記憶するというシステムが、生後四カ月までにできあがるようだ。

引用文献

（1） Michel, C. *et al.* (2017). Schematic eye-gaze cues influence infants' object encoding dependent on their contrast polarity. *Scientific Reports, 7*(*1*). doi: 10.1038/s41598-017-07445-9

今は緑の男がイケてるのよ　byハエ

「あの頃はこれがかっこよかったの」遠い目をして友人は言った。

デイヴィッド・ベッカムのソフトモヒカン刈り（以下、ソフトモヒカン）、ビートルズのマッシュルームカット、エルヴィス・プレスリーのもみ上げなどなど。今ではみじんもそう思えないかもしれないが、ある時代にもてはやされた髪型はどれも、当時は「かっこいい」と世界中の女性と男性の一定数が思ったはずだ。ソフトモヒカンのベッカムがかっこよかった。すると、同じソフトモヒカンの男性までもかっこよく見えて、彼らもモテたらしい。流行というのは不思議だ。ところで、この不思議な現象、実はヒトだけに起こるものではないようなのだ。

小学生の頃、「牛乳ビンにつぶしたバナナを入れて、家の外に置いておくように」と先生に言われたことがある。「牛乳ビンに入ってきたハエをつかまえて学校に持ってきなさい」と言うのだ。先生はショウジョウバエが捕れることを期待していたらしいが、生徒たちはそんなことは知らなかった。いや、私に記憶がないだけで、先生は説明したのかもしれない。数日間、牛乳ビンを家の外に出しておいたところ、私の牛乳ビンに入っていたのは黒いハエだった。大きさも五ミリほどあり、明らかにショウジョウバエではないと今ならわかる。しかし、当時はハエを捕獲できたことがうれしくて、元気にそのハエを持って行った。私以外にも捕獲に成功した生徒がたくさんいた。しかし、私たちのハエは、どれもショウジョウバエではなかったのだ。みんなでがっかりしたのを覚えている。先生もたぶんがっかりしたと思うが、その後の授業で、ショウジョウバエについて、先生が何の話をしたのかは覚えていない。

このショウジョウバエ、正確にはキイロショウジョウバエだが、ある研究室で緑のオスがモテているというのだ[1]。と言っても実験[1,2]の話である。キイロショウジョウバエとは、赤い目をした体長三ミリほどのハエだ。オスとメスがいて、繁殖相手を選ぶのはメスなのだ。Danchinら[1]はショウジョウバエのオスの頭から背のあたりに、緑あるいはピンクの色をつけた。緑のオスとピンクのオスができあがった。実験者が適当に色をつけただけであるため、緑のオスもピンクのオスも色以外の違いはほとんどない。次に、図のように、透明な筒の中央を透明なガラスで仕切り、一方にモデルメスとオス二匹、もう一方に観察メスが入れられた。モデルメスがピンクのオスではなく、緑のオスと交尾している姿を観察メスが眺めるという場面を実験的に作ったのだ。その後、観察メスは別の部屋に移され、そこで、モデルメスと一緒にいたオスとは別の緑のオスとピンクのオスと対面した。する

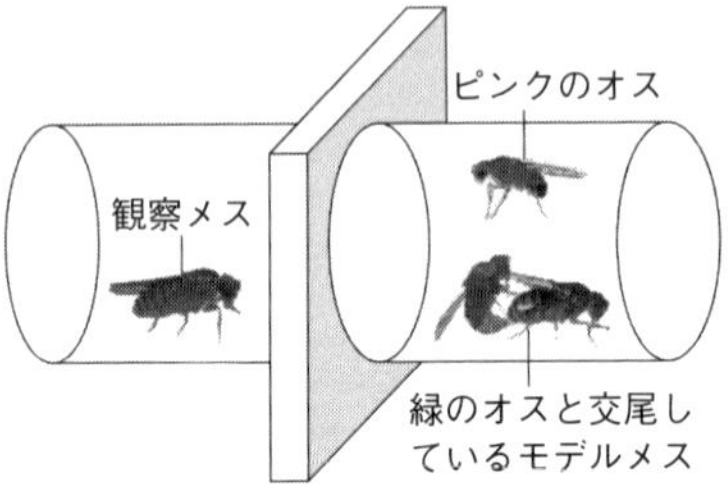

図　観察メスが緑のオスと交尾しているモデルメスを見ている様子

透明な筒状の容器の中央を透明なガラスで仕切り、一方にはモデルメスとオス２匹が、他方には観察メスが配置された

と、七割以上の観察メスたちが緑のオスを交尾相手に選んだ。さらに、オスとの対面を二四時間後に行っても、観察メスは緑のオスを選んだのである。もしかしたら、キイロショウジョウバエは緑が好きなのかもしれない、という可能性がなくもない。そこで、モデルメスが緑のオスではなく、ピンクのオスと交尾している場面を観察メスに観察させた。すると、観察メスたちは今度は緑のオスではなく、ピンクのオスを選んだ。キイロショウジョウバエのメスは、モデルメスを観察して、どのようなオスを選んでいるかを学習し、学習した通りにオスを選んでいたのだ。

モデルメスが選んだオスの特徴を見きわめ、この実験ではそれは色であるが、その特徴を持ったオスを自分も選ぶということが、観察学習によってメスたちに伝わっていく。これを繰り返し続ければ、何世代にもわたり、メスが緑のオスを選ぶようになる。ひょっとすると、キイロショウジョウバエにも文化があるのかもしれない。だとすれば、キイロショウジョウバエたちは実験室内ではなく、野外での生活の中で、いったいどんな文化を築いているのだろう。

引用文献

（1） Danchin, E. *et al.* (2018). Cultural flies: Conformist social learning in fruitflies predicts long-lasting mate-choice traditions. *Science*, *362*, 1025–1030.

（2） Mery, F. *et al.* (2009). Public versus personal information for mate copying in an invertebrate. *Current Biology*, *19(9)*, 730–734.

プルチャーでサッチャー錯視

電車に詳しい人たちは、電車をちらっと見ただけで「あれは西武四〇〇〇系、あっちは京急二一〇〇形だ」などと私にはさっぱりわからないことを言う。彼らはいったい何種類の電車を見分けることができるのだろうか。何百か何千か。しかし、こういう特別な能力を持っていなくても、ヒトはみな、約五〇〇〇人のヒトの顔を記憶していて、それらを見分けることができるのだそうだ。[1]「正立顔」に対する特別な知覚処理のおかげらしい。その例として、「サッチャー錯視[2]」というものがある。図A左は倒立した筆者の顔写真だが、右の正立写真と見比べても、「ちょっと変かな」と思う程度で、似たような写真に見えるだろう。それでは本を逆さまにして、もう一度、図Aの写真を眺めてほしい。驚かれただろうか。目と口が逆さまになっていたのだ。顔知覚において、目、鼻、口といった特徴間の空間配置という全体情報を適切に知覚処理するためには、正立顔でなくてはならないのである。上下逆さまの倒立顔では、全体情報の処理ができなくなってしまうため、目や口といった局所的変化に気づかなくなり、ヒトの顔であることはわかっても、それが誰か、笑顔か怒り顔か、などがわからなくなるのだ。顔はそれぞれ似ているのに何千もの顔を区別できるのは、正立顔を効率よく処理してい

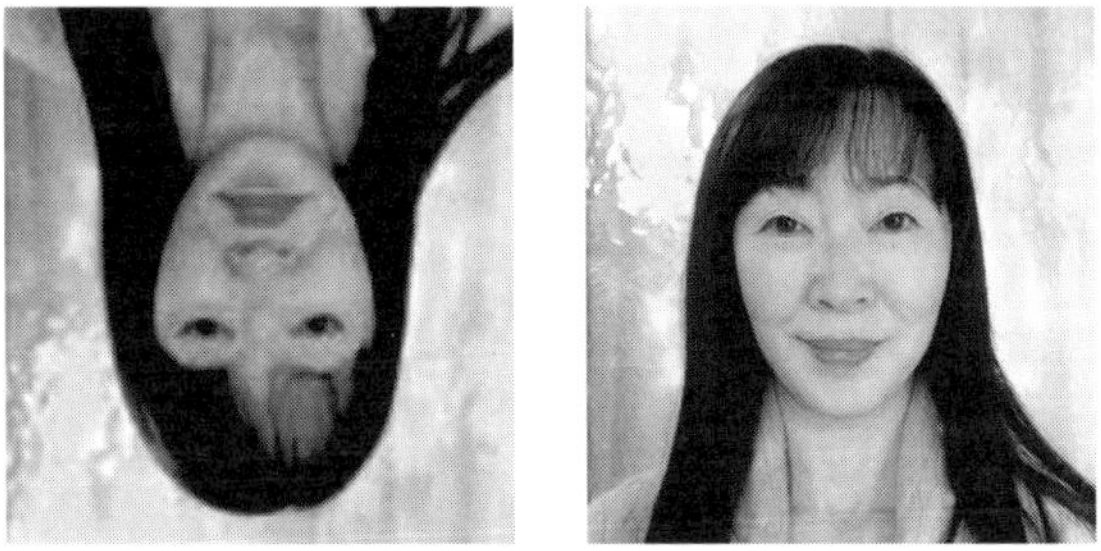

図A　筆者の顔写真（右）を上下逆さまにした写真（左）
奇妙な点がわかるだろうか

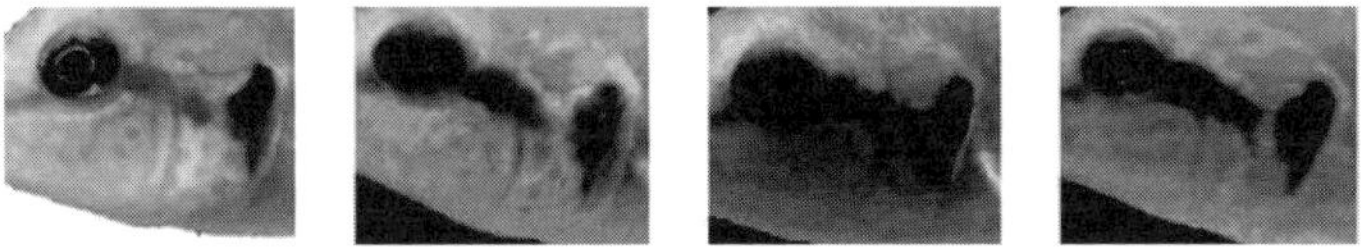

図B　アフリカのタンガニーカ湖に生息するプルチャーの顔の模様[3]

るからで、それが全体情報処理というものらしい。

顔で他個体を識別している動物はヒトだけではない。ニホンザル、パンダ、カラス、スズメバチ、そして、魚までもが「顔」で個体識別をしている。アフリカのタンガニーカ湖に生息する熱帯淡水魚の一種であるプルチャーは、顔に黄、茶、青の模様があり、個体ごとに模様が異なる（図B）。プルチャーはなわばり意識が強く、見慣れている隣のなわばりの魚には攻撃しないが、見知らぬ魚が近づくと攻撃するという。Kohdaら[3]はこの性質を使って、巧妙な実験を行った。オスのプルチャー二匹を、隣り合った水槽で一週間飼育し、顔を覚えさせた後、そのうちの一匹に、もう一匹の魚の顔画像を水槽の外からモニターで一分間呈示した。すると、相手をじっと見つめた時間は一〇秒ほどだった。ところが、見たことのない魚の顔画像を一分間呈示したところ、三〇秒も見つめたのだ。次に「見たことのない魚の顔」と「見慣れた魚の体」の合成写真を一分間呈示すると、見つめた時間は約三〇秒だったが、「見慣れた魚の顔」と「見たことのない魚の体」の合成写真を呈示すると、見つめた時間は平均一五秒ぐらいだったという。つまり、プルチャーは「顔」の模様で他個体を識別しており、見慣れた顔だと見つめる時間は短くなり、見たことのない顔だとその時間は長くなることがわかった。

　呈示する顔を逆さまにしたらどうなるだろう。プルチャーもヒトのように正立顔で全体情報を処理しているのであれば、ヒトと同様の影響が生じるだろう。そこでKawasakaら[1]はプルチャーに「見慣れた顔」と「見たことのない顔」を同時に呈示し、プルチャーがどちらの顔をより頻繁に見つめるのかを調べ、さらに、倒立させたそれらの顔でも調べた。同様に、「見慣れた物体」と「見たことのない物体」でも調べた。その結果、正立の「顔」の時には「見たことのない顔」をより頻繁に見つめたのだが、倒立の「顔」の時には「見慣れた顔」と「見たことのない顔」を同じくらい見た。ところが、顔ではなく「物体」の写真では、正立でも倒立でも、「見たことのない物体」のほうをより頻繁に見たのである。プルチャーにも顔に特化した知覚処理がありそうだ。「プルチャーでサッチャー錯視」も夢ではないかもしれない。

引用文献

（1）Jenkins, R. *et al.* (1888). How many faces do people know? *Proceedings of the Royal Society B: Biological Sci-*

ences, 285(1888), 1319.
（2） Thompson, P. (1980). Margaret Thatcher: A new illusion. *Perception, 9(4)*, 483–484.
（3） Kohda, M. *et al.* (2015). Facial recognition in a group-living cichlid fish. *PLoS One, 10(11)*. doi: 10.1371/journal.pone.0142552
（4） Kawasaka, K. *et al.* (2019). Does a cichlid fish process face holistically? Evidence of the face inversion effect. *Animal Cognition, 22*, 153–162.

目からビーム

目力という言葉がある。成田屋の襲名口上には「にらみ」という目の所作が加わるので、市川海老蔵丈が成田屋の大名跡團十郎を襲名する時には、目の研究者としては（ひいきの役者かどうかは別にして）見に行かないわけにもいかない。「にらみ」は江戸の人々に神格視された二代目團十郎の時期にはすでに存在した目の所作で、「團十郎ににらまれると風邪をひかない」と言われたそうだ。こういう神がかった目力もあれば、テレビ番組や映画を見ていると、目からビームが出て、周りのものが切れたり溶けたりしているのを見かけることもある。『インクレディブル・ファミリー』の赤ちゃん（ジャック＝ジャック）は何かの拍子に目から緑色のビームを出して、アライグマを逃げ惑わせていたし、懐かしいところでは、『マジンガーZ』と『デビルマン』も忘れがたい。『デビルマン』のデビルアイは透視力なのでビームではないが、絵面はビームだったのと筆者が大好きなのであえて加えた。しかし、冷静になってみれば、というより冷静になるまでもなく、目に力なんてないのである。「そりゃそうだ」と、現代を生きるみなさんは思われるに違いないが、この問題は意外と根が深いのである。

今から一二〇年前、Titchener[1]が「背後からの視線を感じることができるか？」と学生に聞いたと

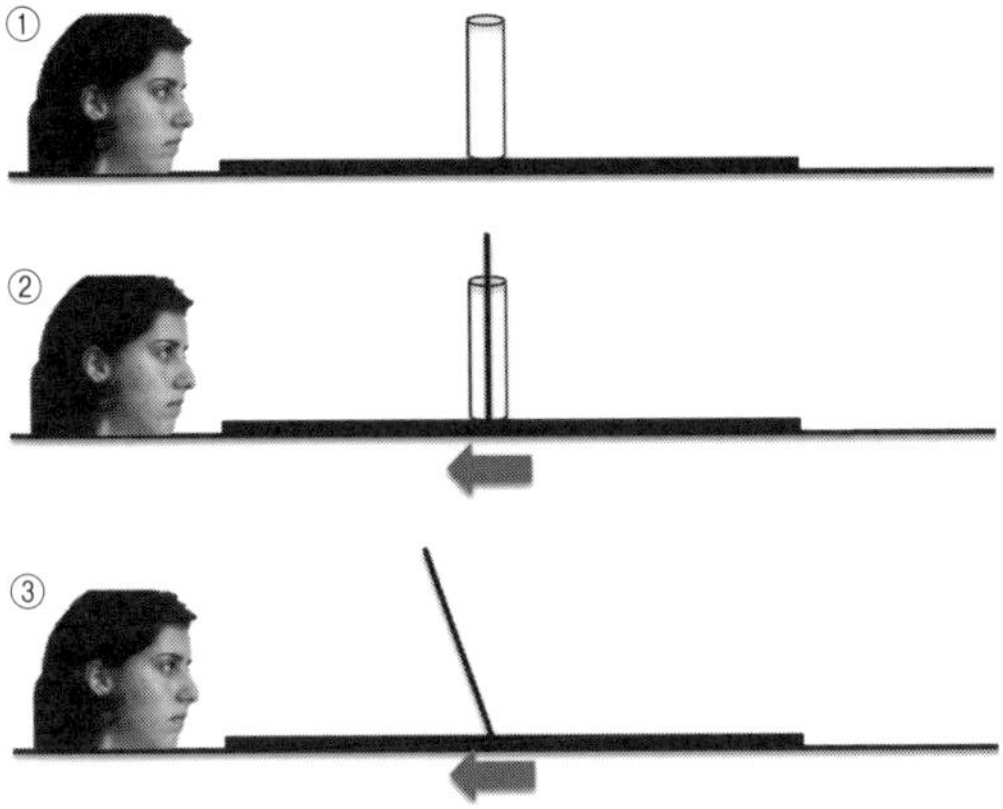

図　実験方法（Guterstamらの実験[2]を参考に作成）

①白い紙の筒が立っている、②参加者が筒を左、あるいは右に傾け始めると中心に線が現れ、③筒は消える、参加者は筒が倒れないと思うぎりぎりまで傾けるように言われる

ころ、ほとんどの学生が「できる」と答えたそうだ。目からは何かが発せられているため、他者の視線を圧や熱として肌で感じられるというのだ。そこで、Titchenerは実験[1]をした。しかし、残念ながら、背後からの視線を感じることは誰にもできなかった。その後、徐々に、目からは何も出ていないということが広く理解されるようになる。

そして今、Guterstamら[2]は参加者たちに図①をコンピューター画面上で呈示した。台の上に白い紙でできた筒が立っている。この筒をキーボードのキーを押して左あるいは右に傾けていき、倒れないと思うぎりぎりまで傾けるようにと参加者たちは言われた。参加者たちが筒を傾け始めると、筒の中央に線が現れ、筒は消える（図②、図③）。長さや幅が異なる四種類の筒が登場し、参加者たちはそれらを右や左に傾けるよう指示された。「いったい何を調べているのだろう」と思うだろう。この実験のポイントは図のように、左端（あるいは右端）に顔があることだ。実験では若い男性の顔が使われた。実験の結果、参加者たちは、顔のあるほうに筒をより大きく傾けたのである。「顔のあるほうなら、大きく傾けても倒れない」と感じる何らかの力が働いたということになる。それは何か。目力だろうか。

そこで、図の横顔に目隠しをして再度実験したところ、参加者が筒を傾けた角度は、顔のあるほうとないほうで変わらなかった。どうやら参加者たちは無意識に、筒が倒れないような力が目から出ていると感じていたようだ。さらに、「この筒はコンクリート製で重さが一〇ポンド（約四・五キロ）以上ある」と参加者に説明したところ目力が消えてしまった。目力はそんなに強くはないらしい。

実験終了後、Guterstamらは参加者に目に関する質問をいくつかしたが、目から何かが出ていると考えている学生は五パーセントほどだったという[2]。一二〇年前からするとずいぶん減ったものだ。そう、私たちは今、目から何かが出ているなんて考えてはいない。けれども図のような実験をすると、紙の筒を支える何かが目から出ているかのように感じてしまうのだ。

引用文献

（1） Titchener, E. B.（1898）. The 'feeling of being stared at'. *Science*, 8, 895–897.

（2） Guterstam, A. *et al.*（2019）. Implicit model of other people's visual attention as an invisible, force-carrying beam projecting from the eyes. *Proceedings of the National Academy of Sciences of the United States of America*, *116*（*1*）, 328–333.

目に心地よい図形

携帯電話が普及する前は、自宅の固定電話を使っていた。固定電話のそばには、たいていメモ用紙とペンが置かれていた。だからなのだろうか、電話で話しながら、用もないのにペンをいじり、気がつくと落書きをしていた、なんてことがよくあったように思う。落書きといっても、ただ線を引いて、それらを交差させたり、円や四角で囲んだりと、全く意味のないものだった。

そんな落書きに似たものが旧石器時代の中頃にも貝殻などに彫られていたのだ（図）。彫ったのはネアンデルタール人やホモ・エレクトス、ホモ・サピエンスのみなさんだ。どれも似たような幾何学図形で、直線や折れ線や交差の繰り返しで、五〇万年前から数万年前までの長い間、様々なホモ属のみなさんが何度も繰り返し似たような図形を描いていたことになる。ウマやウシといった具体的な絵は四万年前頃から描かれるようになるので、幾何学図形はそれらよりもずっと以前から、長い期間、彫られ続けたのだ。こんなに不思議なことはない。なぜ、何十万年もの長い間、みんなが描いていたのだろう。何かの記号だったのだろうか。

ヒトやマカクの脳の後ろにある一次視覚野は、線が交差したり折れ曲がったりした構造を見ると活

図　様々な落書き（提供：Derek Hodgson）

上段左は 50 万年前のホモ・エレクトスによって貝殻に彫られた模様
上段中はブロンボス洞窟で発見された 7 万 7000 年前のホモ・サピエンスに、上段右は 7 万 5000 年前のホモ・サピエンスによって彫られた模様
中段は 5 万 5000 年前のホモ・サピエンスによってダチョウの卵に、下段は 4 万 5000 年前のネアンデルタール人によって岩に彫られた模様

動する。自然界の多様で複雑な構造から特徴的な要素を単純な幾何学図形として抽出することで、効率よく外界を認識して処理できるのだ。たとえば、複雑に交差する木の枝や岩の重なりから、Xやλ《ラムダ》のような図形が抽出される。この処理を担っている一次視覚野だが、五〇万年前のホモ属のみなさんにも、これに似た初期視覚野が存在したという[1]。この視覚処理システムがいったんできあがれば、自然界の実際のものよりも、抽出された幾何学図形に初期視覚野はより激しく反応するようになるのだ。そうして、図のような幾何学図形に、五〇万年前のホモ属のみなさんの初期視覚野が反応し、今で言うところの「美」という感覚の前駆体のようなものが生まれたのではないかとHodgson[1]は考えている。

　何十万年もの間、幾何学図形は描き続けられたのに、どれも似ていてバリエーションがそれほどない。もし、何らかの記号であるなら、おのおのの記号にそれぞれの意味が載るので、図形が多様化するはずだ。しかし、それがない。だから、これらの幾何学図形には意味などなかったのだとHodgsonは考えている。[1] 当時のホモ・エレクトスやホモ・サピエンスやネアンデルタール人にとって、「なんかいいなあ」というような目に心地よい図形だったから彫り続けたのだ。

最初に私の落書きと似ていると言ったが、やはり似ていないということが、こうして書いているうちにだんだんとわかってきた。私の落書きは目に心地よいというものではなかったし、図形を岩肌や貝殻や卵の殻に彫る作業は大変なことだったに違いないからだ。彼らは時間をかけて集中して彫ったのだ。だとすれば、いい加減にペンを走らせていただけの私の落書きとは全然違う。「似ている」なんて言って、たいへん申し訳なかった。

目に心地よいものを彼らは彫ったのだというHodgsonの考えは斬新だ。その幾何学図形は五〇万年前から始まり、その後、四万年前頃からウマやウシなどの具体的な絵も描かれるようになる。そこから古代エジプトのヒエログリフのような象形文字が生まれてもおかしくないように思えてくる。

引用文献

（1）Hodgson, D. (2019). The origin, significance, and development of the earliest geometric patterns in the archaeological record. *Journal of Archaeological Science: Reports, 24*, 588–592.

Happiness は特別

　庭に白いネコがよくいる。庭掃除をしていて近づいたぐらいでは逃げずに、じっと私を見ている。しかし、私にはそのネコの表情がよくわからない。用心して私を観察しているだけのようにも、「あっちに行きなさいよ」とすごまれているようにも見える。「ネコの表情は難しすぎる。ヒトの表情ならわかるのに」と思っていたら、ヒトの表情だってけっこう難しいという論文があった。

　Rutter ら(1)は、参加者に二枚の写真を呈示して、どちらの顔がより「怒っている」「おびえている」「喜んでいる」ように見えるかをたずねるという実験を行った。各表情の問題がそれぞれ五六問で、参加者は一〇〜八五歳の、なんと九五四六人だ。二枚の写真が一秒間呈示され、より強いと思う表情表出のほうの写真を選ぶだけなので、とても簡単そうに思える。しかし、この写真がちょっと食わせ者で、ターゲットの表情に他の表情を混ぜてあるのだ。たとえば、おびえている顔に、喜んでいる顔や怒っている顔を混ぜてある。だから、混ぜ具合によってはかなり難しい問題となる。

　どちらの顔がより「怒っているか」の問題では一〇歳から一五歳まで急激に正解数が増え（図）、「おびえているか」の問題では二〇歳頃までは急激に正解数が増える。その後、どちらも徐々に正解数が

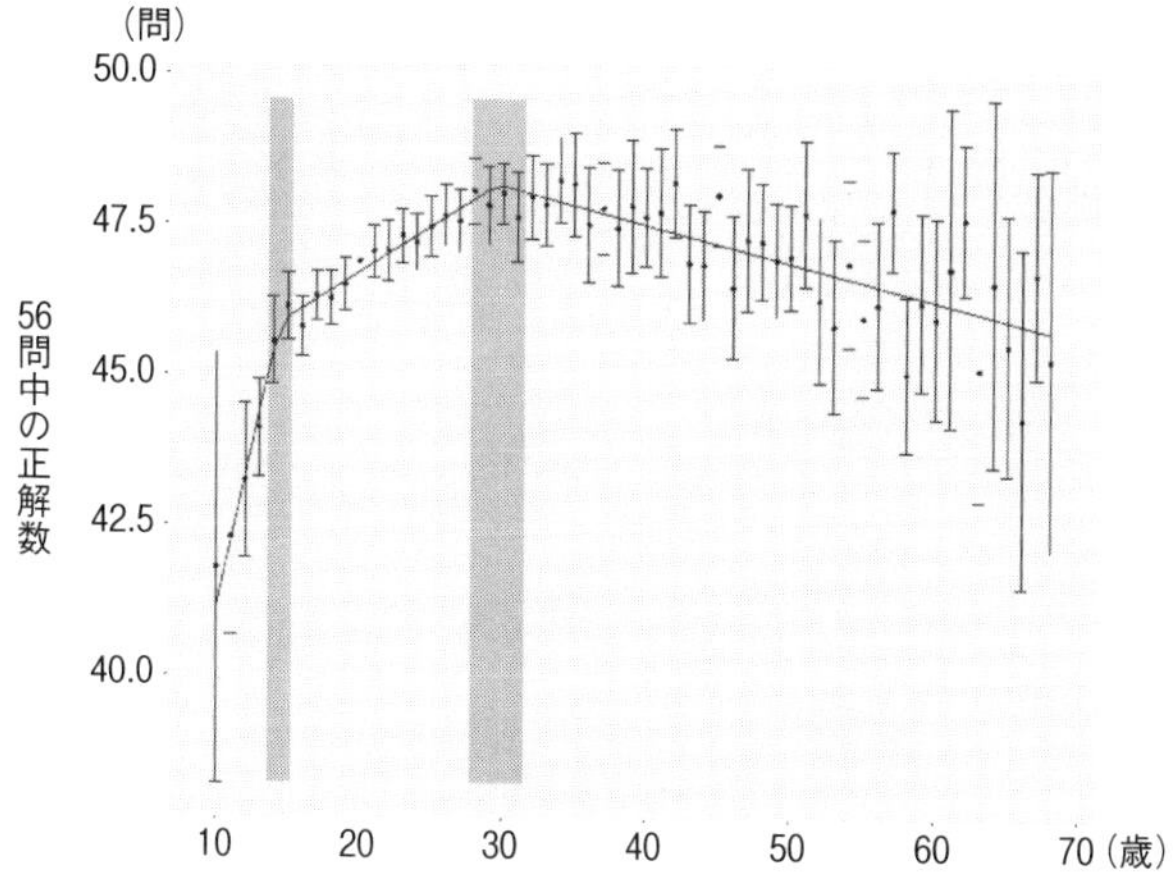

図　どちらの顔がより「怒っているか」の結果 [1]

増えていき、だいたい三〇歳でピークに達する。しかし、三〇歳以降は徐々に不正解が増えていく。「怒っているか」では一五〜三〇歳、「おびえているか」では二〇〜三〇歳頃に、他者のこれらの表情を読むことに長けている必要があるのかもしれない。Rutterらはいじめと関係しているのではないかと議論しているが、それではなぜ三〇歳以降にその能力が低下していくのだろう。年齢が上がると、他者の顔色をうかがわなくてもよくなるということなのだろうか。理由はよくわからないのだが、おもしろい結果だ。

どちらの顔がより「喜んでいるか」の結果が不思議で興味深い。「怒っているか」や「おびえているか」とは異なり、一〇歳から二〇歳頃まで正解数が増えて、その後も正解数は多いままで維持されるのだ。つまり、他者がどのくらい喜んでいるのかについては、年齢を重ねても敏感さが損なわれない。他者がどのくらいおびえているのか、怒っているのかの判断は年齢が上がると鈍くなるのに、なぜ、どのくらい喜んでいるのかについては敏感なままなのだろうか。年齢が低いということは、自分よりも年上の他者が多いということになる。その逆に、年齢が上がるほど自分よりも年下の他者が増えることになる。もしかしたら、このあたりに答えがあるのかもしれない。さらに図を見ると、年齢が高くなると分散が大きく（図の各点の縦棒が長く）なっている。これは高年齢になると、正解数の多い人もいれば少ない人もいるということを示している。この分散がカギかもしれない。

さて、ここまで「喜んでいる」と書いてきたが、論文では「Happiness」という単語が使われている。教科書などでよく目にするのは「幸福」という訳だ。心理学などの研究者なら「幸福顔」と言えば、すぐにその顔が頭に浮かぶのだろうが、私にはちっともぴんと来ない。「幸福顔」ってどんな顔だろうと思ってしまう。そこで、ここでは「喜んでいる」にしたのだが、訳としては不正確だ。どうしようかと今も悩んでいる。夫に聞いてみたら、「喜びという訳を当てるのは'Joy'にだな」と言われた。「じゃあ、'Happiness'は何て訳すの？」と聞いたら、「幸福」という正しい答えが返ってきた。夫は正しい研究者なのだった。

引用文献

（1） Rutter, L. A. *et al.* (2019). Emotion sensitivity across the lifespan: Mapping clinical risk periods to sensitivity to facial emotion intensity. *Journal of experimental psychology: General, 148*(*11*), 1993–2005.

目が二〇〇個もあるホタテ

ホタテは最大二〇〇個もの目を持っているという(1)。そう聞いた時、「二〇〇個も必要なの？ 個体によって目の数が違うの？」が率直な感想だった。目をたくさん持っていると言えば八個の目を持つクモだけれど、ホタテが二〇〇個と聞いたら、たったの八個かと思えてきた。妖怪なら百目とか目目連がいる。百目は身体中に目があって、その数がたぶん一〇〇なのだろう。目目連は障子の各マスに目があるという妖怪だから、いくつだろうか。うちの居間にある障子のマスを数えたら、障子一枚のマスは四四だった。障子は四枚なのでマスは一七六になるが、二〇〇にはぜんぜん足りない。あ、違う。目目連は各マスに一対の目だ。だから、各マスに目は二個だ。すると障子一枚に目は八八個で、四枚で三五二個。おお、ホタテを超えた。やっぱり妖怪はすごいなあ。

妖怪の話になってしまったが、今回はホタテがすごいということを書こうとしていたのだ。ホタテの二〇〇個の目は外套膜（ヒモ）にずらりと並んでいる（図A）。その大きさは約一ミリほどだ。そう言われてみれば、ホタテのヒモ部分に小さな点々があったような気がしないでもない。「今度スーパーマーケットなどでホタテを見つけたら確認してみよう」と思っていたところ、夕ご飯の買い物の時

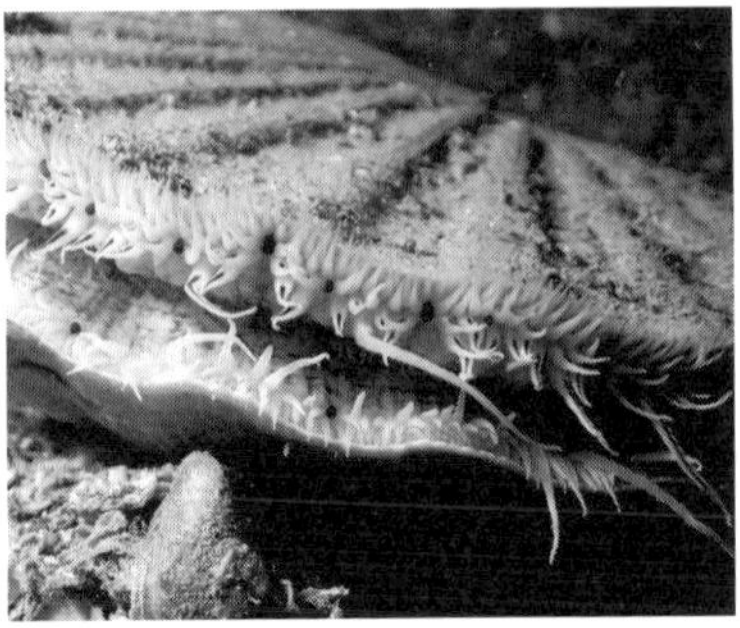

図A　ホタテの目（提供：Benjamin Palmer）

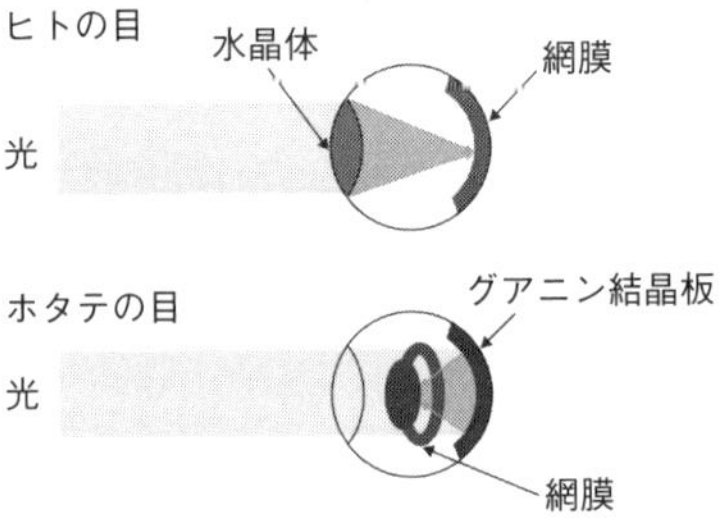

図B　ヒトの目とホタテの目の模式図

にホタテを見つけた。すぐに手に取り、確認。あった、ありました、点々二〇〇個!!　そのまま買い物かごに入れました。

論文[1]の冒頭に、「ホタテの目は望遠鏡に似た構造だ」と書いてあった。しかし、そう言われても望遠鏡の構造なんて知らないなあと思いながら読み進むと、望遠鏡と言っても鏡を使った反射望遠鏡のことを言っているのだと、だんだんとわかってきた。図Bに示したように、ホタテの目は鏡を使って光を反射させて網膜に届ける。そこが反射望遠鏡に似ているというのだ。鏡のような面はグアニンでできていて、薄い四角の板状のグアニン結晶が眼球の後ろに並んでいる。「グアニンはDNAの塩基」としか知らなかったので、鏡になるとはびっくりした。ここに光が反射して中央に並んだ二層の網膜に像が結ばれるというしくみだ。ヒトは水晶体の厚みを微妙に変化させて、網膜上に鮮明な像を結んでいるが、ホタテのレンズにはそういう機能はないらしい。ということは、グアニン結晶板から反射した光が網膜上に集まる時に、どのようにして焦点を合わせているのかが謎だ。というよりも、ホタテはぼんやりとしか見えていないと思われていた。

ところが先日、Millerら[2]はホタテの目の瞳孔がゆっくりと拡大収縮するしくみを明らかにした。これのどこが驚くことなのかと言えば、ホタテの目には虹彩がないからだ。角膜しかない。では、どのようにして瞳孔の大きさが変わるのか。Millerらは、角膜には環状のアクチン繊維、そして、角膜の周囲には放射状のアクチン繊維が存在することを見つけた。アクチン繊維の働きで角膜の各細胞の形が変わり（薄く平たくなったり、厚くふくれたりする）、角膜の曲率が変わり、角膜の面積（瞳孔に相当する）が変わるのだ。「角膜の形が変化するのであれば、目の後方部分も同様の変化をするのではないか。そうなれば、グアニン結晶板の角度や曲率を細かく変えて、網膜に鮮明な像を結ぶことが可能になるかもしれない」とMillerらは考えている。

二〇〇個もの目の像をいったいどこで、どうやって統合して見ているのだろうか。そもそも、ホタテの眼球は動くのだろうか。二〇〇個の眼球がいっせいに動いて、キッとこちらを見たら、怖いだろうなあと思いながらホタテのバター焼きを口に入れた。

引用文献

（1） Palmer, B. A. *et al.* (2017). The image-forming mirror in the eye of the scallop. *Science, 358*, 1172-1175.
（2） Miller, H. V. *et al.* (2019). The mirror-based eyes of scallops demonstrate a light-evoked pupillary response. *Current Biology, 29*(9), 313-314.

ネギの人

「『あ、ネギの人だ』って言われるんです」と研究[1]を発表した当時、山本さんが言っていた。彼はネギの研究をしているわけではない。彼の実験の中で唐突にネギが出てきて、それがおもしろい結果を導くのだ。

モニターに四角形が呈示される。呈示時間は〇・四秒と一・〇秒のどちらかだ。参加者は今見た四角形の呈示時間が「短い」か、「長い」かを、ボタンを押して答えなくてはならない。これは練習課題で、続けて一〇問を正解するまで行われる。その後、ヒトが走っている図①、あるいは、ヒトが立っている図②が画面に現れる。動画ではなく、静止画だ。これらが呈示される時間は〇・四、〇・五、〇・六、〇・七、〇・八、〇・九、一・〇秒のどれかで、参加者は先ほど練習したように、「短い」と「長い」のどちらに近いかをボタンを押して答えなくてはならない。たとえば、〇・五秒間の呈示ならば、〇・四秒に近いので「短い」のボタンを押すだろうし、〇・九秒間の呈示ならば、一秒に近いので「長い」のボタンを押すだろう。難しそうなのが、〇・七秒間の呈示だ。どちらにも近いというか遠いというか、答えるのに困る。けれども、答えなくてはならない。だから、「短い」と「長い」

の分かれ目は、だいたい〇・七秒だろうな、と予想される。
その結果、図②は予想通り、平均するとだいたい〇・七一秒を境にして「短い」と「長い」に分かれた。しかし、図①はちょっと違った。「短い」と「長い」の分かれ目は〇・六七秒ぐらいだったのだ。これは、図①のような動きをとらえた絵を見ると、実際の時間よりも見ている時間を長く感じるからだそうだ。

ここで登場するのが、図③と図④だ。「ネギの登場！」と思うだろうが、実は図③と図④は、図①と図②の絵を長方形でかたどったものだ。そう言われてみれば、ヒトにも見えてくるだろう。色が緑なのでネギにも見えてしまうのだが、Yamamotoらはヒトにもネギにも見えるこの図③と図④を利用して、参加者に「図③と図④はネギです」と教示する時と、「図③と図④はヒトをかたどったものです」と教示する時とで、時間知覚がどう変化するのかを調べたのだ。その結果、「ヒト」と教示された時には図③の呈示時間が図④と比べて長く感じる現象が見られたが、「ネギ」と教示された時にはそれが見られなかった。

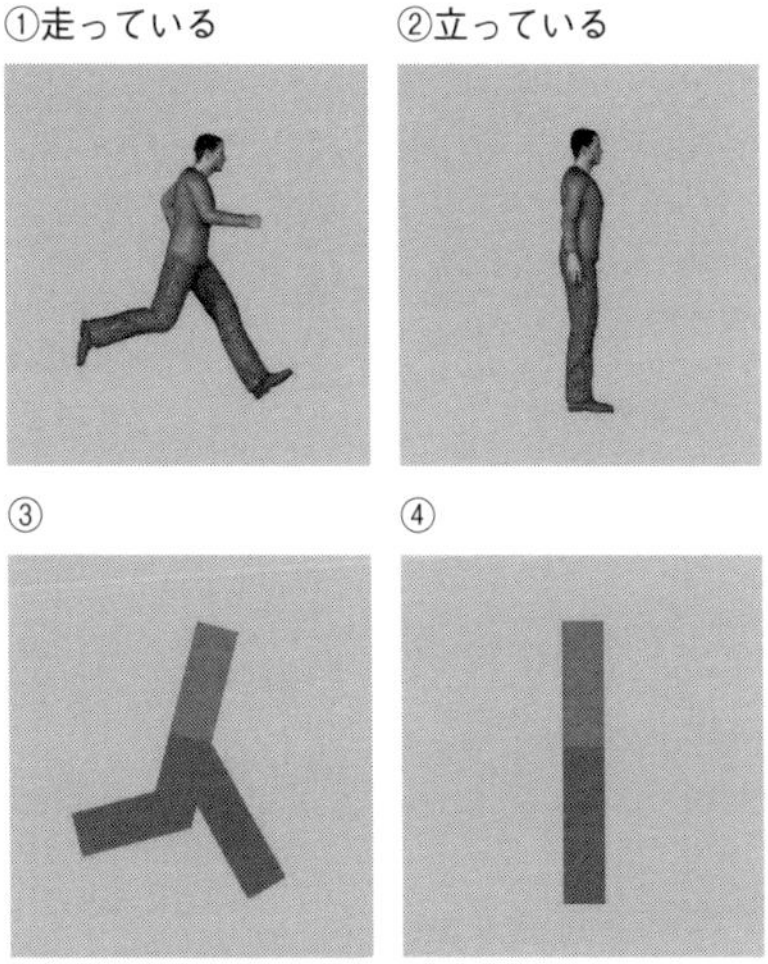

図　ネギ実験[1]に使用された刺激（提供：山本健太郎）

静止画だけれど、そこに動きを知覚したら時間がちょっとだけ長く感じる現象だ。思い出すのが、『モアイの白目』の「〇・一秒先を読む」で紹介した、網膜で受けた光が認識されるまでに〇・一秒が必要なので、ヒトは動きを知覚する時、〇・一秒先を読んでいるという話だ。図①を見た時、そこに動きを知覚したので、先を読むメカニズムが働いて、ちょっとだけ長く見たように思ってしまう、ということだろうか。けれども何だかおかしい。静止しているものに対しても、〇・一秒後もそこにあるという予測が必要なのではないか。そう考えると図①も図②も一緒のように思えてきたが、どうなのだろう。それとも、動きのあるものに対してだけ〇・一秒先の時間を感じてしまうのだろうか。あるいは、これも『モアイの白目』の「止まっていても動いている」で紹介した、乳児に図①のような写真を示すと、視線が右（絵の運動方向）にシフトする現象と関係があるのだろうか。眼球が動くことで時間を長く感じてしまうのだろうか。よくわからなくなってきた。実は「なぜ長く感じるのか」のしくみはまだよくわかっていないらしい。

ナイジェラ・ローソンが楽しく料理をする姿に憧れて、YouTubeで公開されている彼女の番組を時々見ている。ネギのような野菜を切っている時に、「Spring Onion」と言っていた。それでネギはSpring Onionだと覚えていたのだが、Yamamotoの論文ではGreen Onionと書かれていた。「おやっ」と思って調べてみたら、イギリスではSpring Onion、アメリカではGreen Onionと言うらしい。

引用文献

（1） Yamamoto, K. *et al.* (2012). Time dilation caused by static images with implied motion. *Experimental Brain Research, 223*(2), 311-319.

イヌの上目づかい

ほぼ毎日アナグマがやって来る。草ぼうぼうの庭をあちこち掘っては餌を食べている。うちにはペットはいない。そのせいだろうか、庭に来る動物たちに勝手に名前をつけては、出現日時や出来事を記録して楽しんでいる。たとえば、二〇一九年七月七日（日）の正午、つがいのカササギがくるみの木にとまっていた。しばらくして、隣の畑からアナグマがやって来た。アナグマがカササギの近くまで来た時に突然、カササギがアナグマを攻撃した。攻撃といってもアナグマの近くを飛び交うだけで接触したりはしなかったが、アナグマは大慌てで逃げていった。アナグマのほうが強いかと思っていたので、私は驚いて彼らのやりとりに見入ってしまった。とまあ、こんな感じだ。

アナグマよりずっと大きい、ちょっと見には強そうなイヌ、アビーが遊びに来た（図）。バーニーズマウンテンドッグという犬種だそうだ。大きいけれどかわいい顔には、眉毛のように見える毛色の薄い部分がある。この部分が図のように、クイックイッと頻繁に上に動くのだ。アビーの眉（のような部分）が上がるたびに、自分でも不思議なくらいそこに目が行ってしまう。Kaminski らの論文[1]を読んでいたからだろうか。それとも、そういう性質がヒトにはあるということだろうか。

①　②

図　①から左の眉（のような部分）を引き上げた状態が②（モデル：山木アビー，提供：アビーの飼い主）

Kaminskiらがタイリクオオカミ四頭とイヌ六頭の表情筋を調べたところ、イヌには内側眼角挙筋（levator anguli oculi medialis muscle）がしっかりあるのに、タイリクオオカミにはほとんど見られなかったという[1]。内側眼角挙筋は、図のアビーの眉（のような部分）を引き上げる筋肉だ。眉（のような部分）が引き上がると、まぶたも上がるので、眼球上部が露出し、黒目がちの丸い目になる。この動きをヒトが見ると、何か困っているように、切なそうに、そして、かわいらしく見えて、ケアしたくなるのだとKaminskiらは言う。実際、ヒトと対面したイヌ一七頭は眉（のような部分）を頻繁に、大きく上に動かしたが、タイリクオオカミ九頭はわずかに動かしただけだった[1]。三万三〇〇〇年前頃からイヌはヒトと暮らし始め、ヒトとのつき合いの中で内側眼角挙筋が発達したのではないかとKaminskiらは考えている。ところで、ヒトが眉を上げる時、前頭筋を使う。ヒトには内側眼角挙筋はない。同じ名前の筋肉がないからといって、その動きができないとは言えないが、一応、ウマには内側眼角挙筋があるが、ネコにはないらしい。アナグマにもなさそうだ。

アビーが上目づかいで私を見た時、私も眉を上げて見返していたのではないか。ヒトが目で挨拶する時のように、眉を上げたような気がする。もちろん、アビーは私に目で挨拶をしたわけではない。それはわかっている。けれども、目と目で通じ合ったような気になったヒトがイヌをかわいがってしまうのであれば、イヌにとってこれに越したことはないではないか。アビーには、眉上げの動きを強調する眉（のような部分）まであるのだ。これをどう説明したらいいのだろう。

アビーが遊びに来た日から、アナグマが庭にやってこなくなった。「もしかしたら庭のあちこちでアビーがおしっこをしたからかも、アビー強いなあ」と夫が言っていた。それから一週間ほどして、アビーの匂いがなくなったのだろうか、アナグマが再び顔を出すようになった。

引用文献

（1） Kaminski, J. *et al.* (2019). Evolution of facial muscle anatomy in dogs. *Proceedings of the National Academy of Sciences of the United States of America.* doi: 10.1073/pnas.1820653116

一緒に見たら一緒に過ごす

車のラジオから下駄の響きとともに「七両三分の春駒春駒」というお囃子《はやし》が流れてきた。郡上踊りの季節なのだなあと、毎年八月になると岐阜県の郡上に行って踊っていた頃を、懐かしく思い出した。旅館で夕ご飯をすませ、夜の八時頃から踊りの輪に入る。そのまま最後まで二時間ほど休まず踊り続けるのだ。私は郡上生まれでも郡上育ちでも何でもないので、知らない人々に囲まれて踊るのだが、足並みがそろい、いっせいに下駄が鳴った時、ぞくぞくした。二時間も一緒に踊っていると、知らない相手なのに、仲よくなったような不思議な感覚になる。ともに踊ることで互いの結びつきを強く感じるというTarrらの研究(1)があるが、まさにそれだ。一体感や連帯感を感じるのは、何らかの目的を一緒に達成するからだと思っていた。しかし、もっと深いところに、その根があるようなのだ。

Wolfら(2)は、画面を中央から左右二つに分け、参加者二人がともに左の画面を見て課題をこなす時と、一人は左の画面、もう一人は右の画面を見て課題をこなす時とで、相手への印象が変化するかを調べた。課題をこなしている時は、参加者どうしは何のコミュニケーションも取らない。ただ、淡々と画面を見てマウスのボタンの左右どちらかをクリックするだけだ。その後、隣に座った参加者に関

①一緒に画面を見るチンパンジー　　②異なる画面を見るチンパンジー

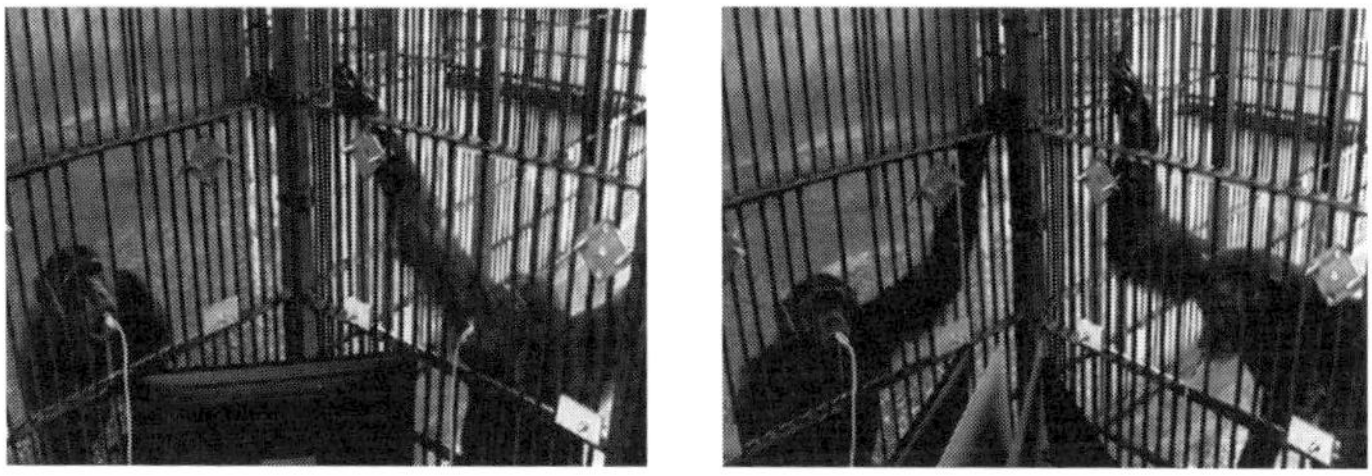

図　Wolf らの実験の様子（提供：Wouter Wolf）

する八つの質問に答える。隣の人をどのくらい信頼できそうですか？（0：全く信頼できない〜100：とても信頼できる）とか、隣の人とどの程度のつながりを感じましたか？（0：全く感じなかった〜100：とても感じた）などの、隣になった相手との結びつきを評価するような質問だ。その結果、同じ側で課題を行った参加者は、異なる側で課題を行った参加者よりも、隣になった相手との結びつきをより高く評価したという。ある目的を達成して「やった！」というポジティブな感情をともに抱くことなどは全く必要なく、ただ同じ画面を見る、それだけで相手との結びつきを感じるのだ。Wolfら[2][3]は、この現象は潜在的なもので、ヒトに限らないのではないかと考え、チンパンジーでも調べた。図のように、チンパンジー二頭が画面を見ている。二頭はストローを口にくわえてジュースを飲んでいるのだ。こうすれば頭の位置が固定され、チンパンジーは画面を正面からきちんと見るようになる。画面には、知らない群れの幼いチンパンジーたちが遊んでいる映像が一分間流れた。図①では二頭のチンパンジーは同じ画面を見ているのだが、図②ではそれぞれ違う画面を見ている。チンパンジーには質問はできないので、映像を見た後で二頭のチンパンジーの行動を三分間観察した。

すると、同じ画面を見ていた時のほうがより長く、互いの近くで過ごしていたのだ。たった一分の映像を一緒に見ただけで、だ。もちろん、映像を見た後の三分間の行動を観察した結果なので、その後、何日もずっとそばにいるということではない。

誰かと「同じものを見る」時は、たいていはその誰かと「近くにいる」時で、一緒にいるから同じものを見る。Wolfらの実験では、「近くにいる」と「同じものを見る」という二つの行動が、逆転しているかのようだ。つまり、ふだんは「近くにいる」から「同じものを見る」ということが起こるのだが、それが逆に、「同じものを見た」から「近くにいる」となっている。二つの行動が常に連動して起こるのであれば、その二つの行動の順序が逆になってもやはり連動するということがあるのかもしれない。仲がよいから一緒にいて、同じものを一緒に見る。これが何度も繰り返され、今度は一緒に見たから、その相手と何だか仲よしのような気になるということだろうか。

引用文献

(1) Tarr, B. *et al.* (2016). Silent disco: Dancing in synchrony leads to elevated pain thresholds and social closeness. *Evolution and Human Behavior, 37(5)*, 343–349.

(2) Wolf, W. *et al.* (2016). Joint attention, shared goals, and social bonding. *British Journal of Psychology, 107(2)*, 322–337.

(3) Wolf, W. *et al.* (2019). Visually attending to a video together facilitates great ape social closeness. *Proceedings of the Royal Society B: Biological Sciences, 286(1907)*. doi: 10.1098/rspb.2019.0488

月夜に輝く白い顔

アポロ一一号が月に着陸して、宇宙飛行士のニール・アームストロングたちが降り立ったのが一九六九年の七月二〇日（日本時間では二一日）である。ちょうど五〇年前だ。その月面着陸の記念Tシャツをなぜか夫が持っていて、この夏はここぞとばかりに何度も着ていた。実はちょっとうらやましかったのだ。ロケットが着陸しても人類が降り立っても、地球から眺める月は今も変わらず美しい。私の住む町には街灯が必要最小限にしか設置されていないので、新月の夜は暗く、満月の夜は驚くほど明るい。月の満ち欠けで夜の明るさがこんなにも違うことを知ったのは、ここに住み始めてからだ。

スイスの西に、レマン湖とヌシャテル湖がある。この二つの湖の間の約一・〇七平方キロメートルがSan-Jose[1]らの調査地だ。ここに生息するメンフクロウを一九九一年から調べている。メンフクロウの顔から腹部にかけての羽毛は、白色から濃い赤茶色までバリエーションがある（図）のだが、なぜかは謎なのだ。メンフクロウは夜行性で、夜、狩りをする。ユーラシアハタネズミがその主な獲物だ。

スイスでも満月の夜は明るい。月に照らされた白色のメンフクロウは赤茶色のメンフクロウよりも目立つので、ユーラシアハタネズミにすぐに気づかれてしまい、狩りに失敗しそうだ。しかし、それ

図　顔と胸が赤茶色（左）と白色（右）のメンフクロウ（提供：Alexandre Roulin）

ならばなぜ、白色のメンフクロウが存在するのか。そこでSan-Joseらは、羽毛の色と狩りの成功率が月の満ち欠けで変化するのかを赤外線カメラを使って調べた。

メンフクロウの親は一晩に平均四・七八±一・二二匹の餌を子どもに運んでいた。赤茶色のメンフクロウは満月（三・二七±一・二五匹）より新月（五・六七±一・二二匹）の夜のほうがより多く獲物を運んだ。満月の夜は明るいので、ユーラシアハタネズミに気づかれてしまうのだ。ところが、白色のメンフクロウは満月の夜が四・六一±一・二二匹で、新月の夜が四・九四±一・二一匹と、餌を運んだ回数に差がなかったのである。次に、GPSを装着したオスのメンフクロウの狩りの成功率を調べたら、赤茶色のメンフクロウは新月では〇・四八±〇・三匹、つまり二回に一回ぐらい狩りに成功するのだが、満月では〇・四二±〇・二匹と成功率がより低くなっていた。しかし、白色のメンフクロウの成功率は満月でも新月でも変わらなかったのである。満月の夜には、白色のメンフクロウのほうが月明かりを受けて、白さが際立つはずだ。それなのに、なぜ狩りの成功率が下がらないのだろうか。San-Joseらはユーラシアハタネズミに、満月あるいは新月と同様の条件下で、飛んでいる姿の剥製のメンフクロウ（白色あるいは赤茶色の羽毛）を見せ、どの程度反応するか（硬直する、あるいは逃げる）を調べた。その結果、ユーラシアハタネズミは、新月条件よりも満月条件でより高頻度に反応したが、メンフクロウの羽毛の色による反応頻度に差はなかったのである。反応の八割以上が硬直だったので、硬直時間を測定したところ、満月条件では、赤茶色よりも白色のメンフクロウの時に五秒も長く硬直が続いたのだ。さらに、白色のメンフクロウに対する硬直は、新月の時よりも満月の時に九秒も長く続いた。San-Joseらは、白色のメンフクロウの羽毛は満月の光を反射させ、ユーラシアハタネズミをより長い時間硬直させるのではないかと考えた。そこで、剝製のメンフクロウの白い羽毛に月光の反射を抑えるワックスを塗って実験をしたところ、ユーラシアハタネズミの硬直時間が短くなったのだ。

満月の夜、白色の顔と胸が月の光で輝く。それは獲物を硬直させ、狩りに不利ではなく、有利に働いていたのだ。しかしそうなると、赤茶色の利点は何なのだろうかという疑問が湧いてくる。昼間、白い羽毛は目立つので、カラスなどから攻撃されるという。さらに、赤茶色の羽毛のほうが摩耗や湿度や寒さに強いのだそうだ。だから、どっちがよいとは言えない。というよりも、様々な色のメンフクロウがいること、個体差が存在することこそが重要なのだろう。

引用文献

（1） San-Jose, L. M. *et al.* (2019). Differential fitness effects of moonlight on plumage colour morphs in barn owls. *Nature Ecology and Evolution, 3(9)*, 1331-1340.

セイヨウミツバチの恋は盲目

「虫の音が聞こえてきました。秋は虫たちの恋の季節です」とラジオで誰かが言っていた。すかさず夫が「そんなものは恋ではない！」とうるさいことを言うが、そんな輩は放っておいて「セイヨウミツバチの恋は盲目」というタイトルにした。もちろん、セイヨウミツバチ（図）の恋の季節は秋ではない。セイヨウミツバチの繁殖飛行は春に行われる。新しく誕生した女王バチが巣から飛び立ち、他の巣からやって来たオスと交尾をして巣に戻る。セイヨウミツバチ以外の社会性昆虫のメスの繁殖飛行は一日だけだが、セイヨウミツバチの女王のそれは数日間行われる。そうして複数のオスと交尾をするのだ。オスはと言えば、女王と交尾をするとすぐに絶命してしまう。しかし、女王はその後三年ほど生存し、卵を産み続ける。女王の産むミツバチが遺伝的に多様なほうが、様々な病気や寄生虫に対抗できるため、巣が長期に維持される。女王は複数のオスと交尾をして多様な遺伝子を蓄えるのだ。しかし、オスにとっては、女王が他のオスと交尾をすることを阻止したほうが、自身の遺伝子を持つ子孫が増えることになる。女王とオスとでは、繁殖に関する最適戦略が一致しない。これを「セクシャル・コンフリクト（性的対立）」という。

たった一度の交尾で死んでしまうオスに、いったい何ができるというのだろうか。しかし、オスがその精液で女王を操作することができるとしたらどうだろう。たとえば、自分と交尾した女王が再び繁殖飛行をしないように仕向ければよいのだ。しかし、どうやって？

そこでLiberti ら[1]は、精液に含まれている成分と、精液の注入前後での、女王の身体や行動の変化を調べた。その結果、女王の体内に精液が入ると、脳の光情報伝達系に関する遺伝子の発現が影響され、網膜の形態が変化し、視力が悪くなり、その後の繁殖飛行ができなくなることがわかったのだ。精液が体内に入ってから、視覚に影響が及ぶまでには二四〜四八時間かかるため、それまでは女王は繁殖飛行が可能だが、それ以後は巣にとどまるしかない。これがオスの戦略なのだ。すさまじいなあ。オスとしては、すぐに女王の視力を低下させることができれば、そのほうがよいのではないかとも思えるが、そうなると、女王の産むミツバチの遺伝的多様性が低くなり、何らかの病気が巣に蔓延した時、全滅してしまい、結局、交尾したオスの遺伝子も消えてしまうことになる。多分、ある程度多様性を保ちつつ、各オスの遺伝子が子孫に受け継がれるのに、ちょうどよい時間が二四〜四八時間なのだろう。Liberti らによれば、女王の視力は

図　セイヨウミツバチ
中央にいるのが女王バチである

いずれ回復するようなので、女王は本当に恋している一時期に「盲目」になってしまうのだ。

「恋は盲目」は"Love is Blind"の日本語訳で、一六世紀のウィリアム・シェークスピアの言葉だ。『ヴェニスの商人』や『ロミオとジュリエット』の中に出てくる。しかも、恋をしている若い女性が、自らのことを「恋は盲目なんだから、私たちの愚かな行為なんて目に入らないわ」とか、「恋は盲目なら、夜こそ恋にふさわしいのよ」なんて言うのだ。日本で使われる時はたいてい、「恋は盲目って言うから、何も見えなくなっているんだよ、彼女は」と第三者が使うことが多いが、恋している本人に自らを「恋しているから私は盲目なの」と言わせたシェークスピアはすごい。とはいえ、セイヨウミツバチの女王には「本当に盲目になると大変なのよ」と叱られそうだ。

引用文献

（1） Liberti, J. *et al.* (2019). Seminal fluid compromises visual perception in honeybee queens reducing their survival during additional mating flights. *eLife*, 8, e45009. doi: 10.7554/eLife.45009

ムール貝への道

ハチは巣から花への道を記憶する。同じ節足動物のカニは道を記憶するのだろうか。カニの脳は口の近くにある。神経細胞の数でいうと、ヒトは大脳皮質だけで約一四〇億個、ハチは約一〇〇万個、ザリガニは約九万個、ロブスターは約一〇万個だそうで、甲殻類の神経細胞の数は、ハチの約一〇分の一だ[1]。それでは複雑な行動ができないのかというとそうでもない。神経細胞の数や脳の容量と行動の複雑さとの相関はないらしい[2]ので、神経細胞の数がハチの約一〇分の一のカニだって迷路学習ができるかもしれない。

Davies ら[1]は図①の迷路を用意した。迷路は不透明な黒いアクリル板の壁でできている。出発点から終点までは最短で二メートル、角を五回曲がらなくてはならない。道幅はどこも一〇センチで、行き止まりの道もある。迷路には深さ一〇センチほどに水が張られた。手がかりになりそうなものは何もない。この迷路に、ヨーロッパミドリガニは週に一回入れられた。図①の左上にある出発点に置かれ、そこに慣れた頃（六〇秒後）、迷路へ続くドアが開く。終点には砕いたムール貝が置かれていた。

一二匹のヨーロッパミドリガニはすべてムール貝にたどりついた。結果のグラフが美しい。週を追

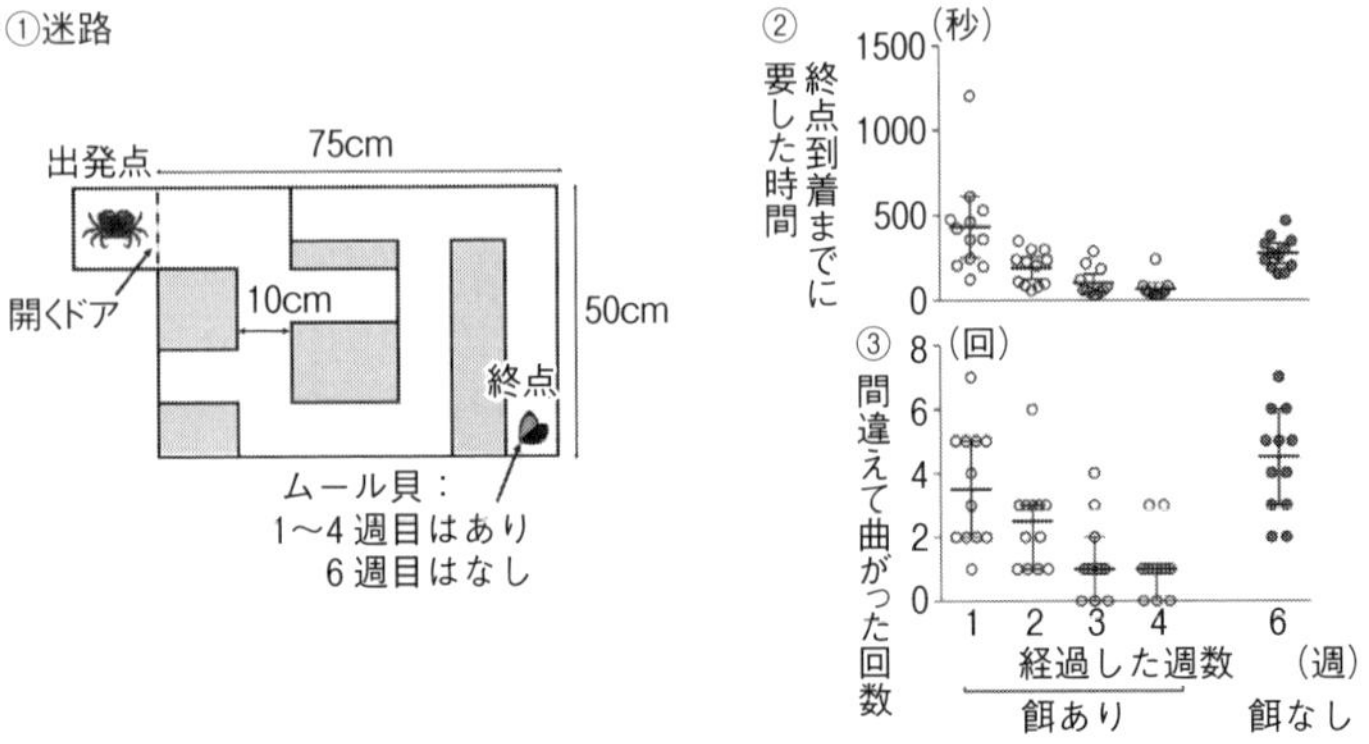

図　Daviesによる実験[1]

うごとに、終点につくまでに要する時間が短くなり（図②）、間違えて角を曲がる回数も減っていく（図③）。ムール貝のにおいが大きな手がかりとなっていることは間違いないだろうとDaviesらは言う。もちろん、テストのたびに迷路をきれいに洗い、最後はエタノール消毒までしたそうなので、前回のテストのにおいは残っていない。毎回、新しいムール貝のにおいが水の中をただよってきて、それを手がかりに終点に向かったのかもしれないが、どんどん速くなり、道を間違えることもなくなったところを見ると、道を覚えたのかもしれない。

それを確かめるために、四週間のテストの後、さらに二週間経ってから、今度はムール貝なしで行った。その結果がグラフ（図②③）の一番右の黒い点だ。ムール貝がなく、二週間も経っていたのに、一二匹すべてのヨーロッパミドリガニたちが、八分以内に終点についた。毎週テストしていた時の四週目と比べれば時間がかかっているし、間違いも多いが、それでも、においがないにもかかわらず終点についたのだ。

においだけではなかった！　道を覚えていたのだ。

いや、待てよ、この迷路にはふらふら歩いていたら終点についてしまう、そういう性質があるのかもしれない。そこで、迷路を体験したことのない一二匹のヨーロッパミドリガニで、ムール貝なしで行ったら、一時間以内に終点にたどりついたのは七匹だけで、その平均は約四〇分だった。この迷路は適当に歩いていたら終点につくというものではないのだ。四週間にわたる四回のテスト中に、ヨーロッパミドリガニは、その小さい脳で迷路を記憶し、二週間記憶を保持していたのである。

迷路を使った空間学習の実験では、目印となるものを排除して、道順のみの学習を調べるのだが、カニの動きを記録するために設置されたビデオカメラが、迷路の中のカニから丸見えだったのだ。実験室の天井も見えていた。ヨーロッパミドリガニは、目を使って、ビデオカメラや天井を目印として迷路を解決したのかもしれない。仮に、目印を使って、ヨーロッパミドリガニが終点までたどりついたとしても、それはそれですごい。

引用文献

（1）Davies, R. *et al.*（2019）. Maze learning and memory in a decapod crustacean. *Biology Letters, 15(10)*. doi: 10.1098/rsbl.2019.0407
（2）Chittka, L. *et al.*（2009）. Are bigger brains better? *Current Biology, 19(21)*, R995–R1008.

Number two は目立つところに

チョコレートを初めて口にしたのは四歳頃だった。一口ですっかりチョコレートに魅了されてしまったのだが、チョコレートやピーナッツをたくさん食べると鼻血が出るからと、家では少ししか食べさせてもらえなかったので、そういう食べ物はもっぱら祖母の家で食べていた。当時、祖母が住んでいた家は、土間に台所と五右衛門風呂のある江戸時代の家だった。土間から靴を脱いで上がると板間で、その先の畳の部屋にテーブルが置いてあり、そこでお茶を飲んだり、ご飯を食べたりしていた。泊まりがけで祖母の家に遊びに行っていたある日、土間からすぐの板間の隅に、チョコレートが落ちていた。「チョコだ!」とあわてて靴を脱いで駆け上がり、それを手に取り、においをかいだ。が、チョコレートの甘い香りはしない。「おかしいな」と思ったけれど、どこをどう見ても、まあちょっと形は悪いけれど、チョコにしか見えない。「とりあえず食べてみるか」と口に運ぼうとしたその時、背後から祖母の声が聞こえてきた。「そこはネコのトイレだからさわっちゃいかんよ」。……ぎりぎりセーフだったと思う。おばあちゃんありがとう。

落ち着いて周りを見回すと、チョコレートは砂の上にあったし、畳の部屋からネコがじっと私を見

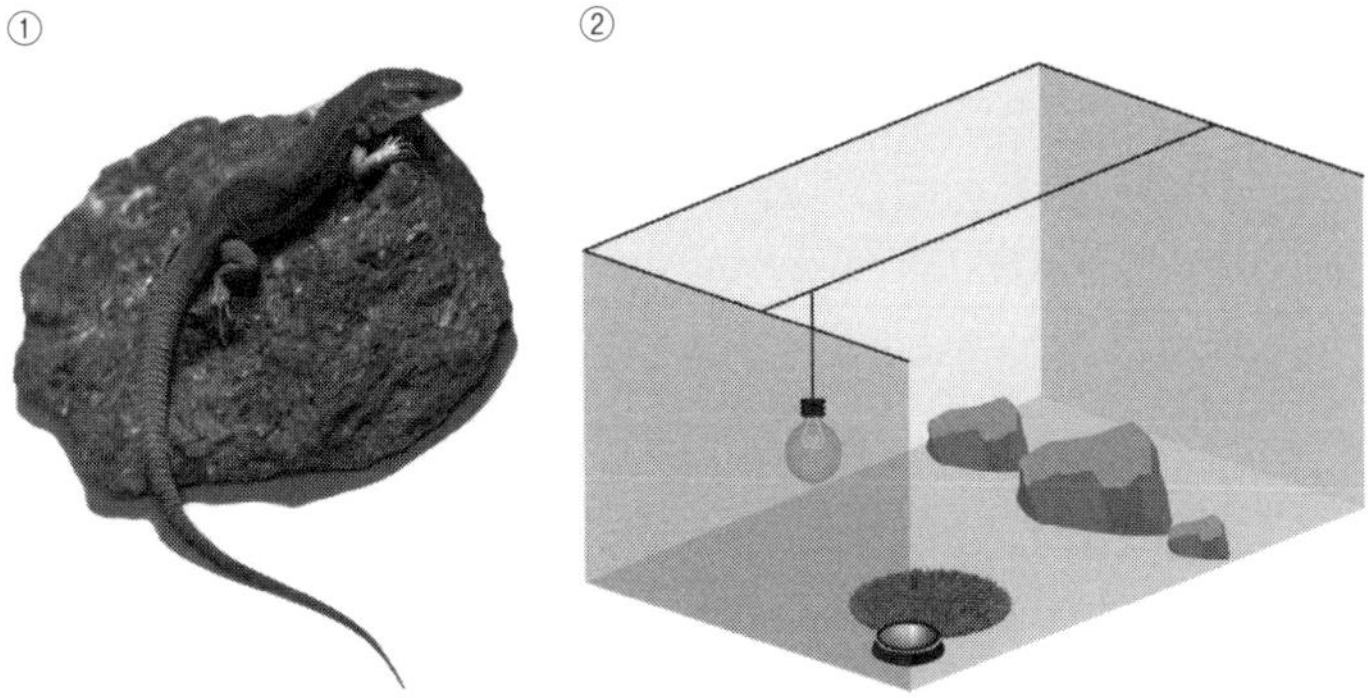

図　ダルメシアンウォールトカゲと実験で使用した部屋（提供：Simon Baeckens）

ていた。チョコレートを砂の上に戻して立ち上がり、何事もなかったかのようにゆっくりと畳の部屋に歩いて行ったことまで覚えている（手を洗いなさい!!）。これが私の、ネコのNumber two（うんち）との初顔合わせだった。"Number two"には「うんち」という意味もあることを、Baeckensら[1]の論文のタイトルで知ったので、さっそく使ってみた。大人になった今では、庭で時々見つけるネコやイタチやタヌキのNumber twoを見分けることだってできるのだ。成長したなあ。

排泄物は、多くの動物たちのコミュニケーションツールとなる。におい（化学的シグナル）や「そこにある！」という視覚的シグナルを使って、なわばりや生殖状態などを伝え合うのだ[1]。カナヘビ科のイベリアンロックトカゲ（*Iberolacerta cyreni*）は、なわばりの中の一番大きな石の頂上にフンをすることが野外調査から知られている[1]。なわばりにある一番大きな石の頂上なら他個体から見やすい、つまり「目立つ」からかもしれないが、大きな石の頂上は体を温めるのにも最適であり、周囲を見渡しやすいので敵を見つけやすく、さらには逃げやすい場所なので、たまたまそこでフンをしているだけかもしれない。そこでBaeckensら[1]は、なぜ、一番大きな石にフンをするのかを、カナヘビ科のダルメシアンウォールトカゲ（*Podarcis melisellensis*、図①）九〇匹を使って実験した。図②のような部屋を作り、そこに一匹だけ入れて二週間住んでもらったのだ。大・中・小の石の温度はどれも同じで、石の場所は個体ごとに変えた。二週間後それぞれの石の上のフンを数えた結果、ダルメシアンウォールトカゲのオスもメスもみな、一番大きな石の上でフンをする回数が、他の石の上よりも有意に多かったのである[1]。大きな石は温かいとか逃げやすいとかではなかったのだ。視覚的に目立つから、最も大きな石の上にフンをしていたのだ。今回の実験で使われた一番大きな石は、一番高くて、一番広いものだった。そこで次の問いが浮上する。トカゲは一番高い石にフンをするのか、それとも一番広い石にするのかだとBaeckensらは言う。どんな結果になるのか楽しみだ。

引用文献

（1） Baeckens, S. *et al.* (2019). Where to do number two: Lizards prefer to defecate on the largest rock in the territory. *Behavioural Processes, 167*, 103937.

ガムをかんでいたのは青い目の少女

隣家との境界に木が何本か植わっている。その内の一本の木からシナモンのような香りがしたので「これはニッケイかも！」とうれしくなって、隣のおばあちゃんに何の木かたずねに行ったら、「ヤブニッケイ」だそうだ。「なんだニッケイじゃないのか」とがっかりしたのだが、いろいろ話していたら「子どもの頃はこの皮をよくかんでいた」というので、ニッケイに似ているのかもしれないと再びうれしくなってきた。シナモントーストやシナモンティー、京都の八ツ橋やニッキ飴など、とにかくシナモンが好きだ。けれども「木の皮をそのままかむ」ということがどうしても想像できない。「ヤブニッケイの皮をかむってどんなだろう」とつぶやいたら、夫がナイフで削ってきた。見た目はただの木の皮なので一瞬躊躇したものの、シナモンの誘惑には勝てず、そっと口に運んだ。おいし……くない!!　かすかにシナモンの香りはするが、木の皮は木の皮であった。なぜか夫は試そうとせず、「干せばおいしくなるかもしれないよ」と、なぐさめるように言った。

図の黒いかたまりも元は木の皮なのだ。デンマークのロラン島で見つかったオウシュウシラカンバ（*Betula pendula*、日本のシラカバに近縁）の皮を加熱して得られたヤニのかたまりだそうだ。古いもの

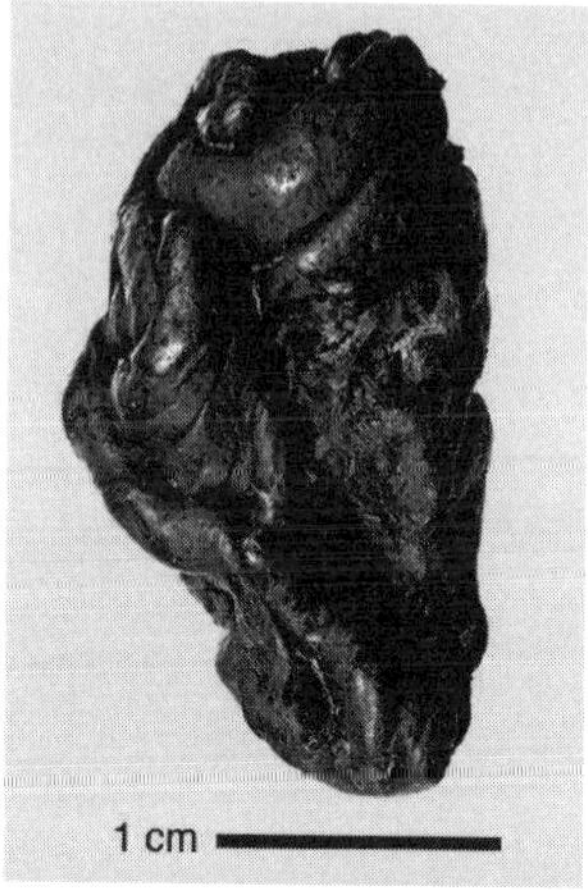

図　約5700年前のオウシュウシラカンバのヤニのかたまり[1]

では中石器時代（紀元前二万～紀元前一万年）のものが見つかっているという。かたまりには歯形がついていることがあるので、どうもかんでいたらしい。中石器時代になると槍などを使っていたから、オウシュウシラカンバのヤニは石の刃を柄につける接着剤として使用されたのだろうと言われている。このヤニは冷えるとかたくなるので口に含んでかんでやわらかくしたのだろうとか、ヤニには殺菌作用もあるので歯や口の中の消毒や殺菌のためにかんだのだろうとか、空腹をまぎらわすためにガムのようにかんだのだろうと考えられている。図のかたまりは約五七〇〇年前、新石器時代、デンマークの狩猟採集生活に南と東から農耕文化が入ってきた頃のものだという。保存状態がとてもよかったことから、Jensenら[1]がこの新石器時代のガムからDNAを抽出して調べた結果、このかたまりをかんでいたのは若い女性で、肌は浅黒く黒髪で、青い目を持っていたことがわかった。Jensenらはその青い目の少女をロラと名づけた。ロラは南や東からやってきた農耕民族の遺伝子を持っていなかったことと、乳糖不耐性（乳糖を分解・消化吸収できない体質）だったことから、この地に住んでいた狩猟採集民だったようだ。ロラのDNA以外にセイヨウハシバミ（*Corylus avellana*）の種子（ヘーゼルナッツ）やマガモ（*Anas platyrhynchos*）のDNAも見つかり、オウシュウシラカンバのガムを口にする前に食べたのだろう。ヒトの身体以外の「物質」から、ヒトのゲノムの完全な解読に成功した初めての例だ。それにしても、ガムからかんでいた人物のゲノム解読なんて、三〇年前にポリアクリルアミドゲル電気泳動を使って塩基配列を調べていた大学院生の頃には想像もできなかった。すごいことになったものだ。

アルプスで見つかった「アイスマン（エッツィ）」は約五三〇〇年前だから、ロラと四〇〇年ちがうが、エッツィの瞳は茶色で髪も茶色、肌は白くて乳糖不耐性、ロラよりも南のイタリアあたりの民だったようだ。エッツィも斧や弓矢を持っていたから、オウシュウシラカンバのガムをかんでいたかもしれない。Jensenら[1]のガムの写真（図）を最初に見た時、前回がトカゲのNumber two（うんち）の話だったので、「うわっ、またNumber twoか！」とうれしくなったことは内緒にしておこうと思っていたが、もしも状態のよいNumber twoが発掘されたら、そこからNumber twoをした人物のゲノムが解読されるかもしれない。でもそうしたら、「ガム」からロラと名づけられたように、「Number two」から名前がつけられてしまうのだろうか。それはちょっとどうかと思うのだ。

引用文献

（1） Jensen, T. Z. T. *et al.* (2019). A 5700 year-old human genome and oral microbiome from chewed birch pitch. *Nature Communications, 10(1)*, 5520.

デルブーフ錯視でダイエット？

同じ大きさの二つの黒い円（図A①）がある。大きな白い円に囲まれた左の黒い円のほうが、右の円よりも小さく見えるというのが「デルブーフ錯視」だ。これを利用して、図A②のように小さいお皿に料理をよそうほうがたくさんあるように見えるので、満足してダイエットになると言われている。たしかに大きなお皿に入っているほうのピザは小さく見え、もう一つ注文してしまいそうだ。

Zitron-Emanuelら[1]は、図A①、②のような刺激写真を使って、参加者の錯視を調べた。外側の白い円やトレイが小さいほうには、常に同じ大きさ（直径五・五センチ）の黒い円やピザが描かれた。一方、外側の白い円やトレイが大きいほうには、五・五センチの直径を二ミリずつ大きく、あるいは小さくして、直径四・三〜六・七センチの、一二種類の大きさの黒い円やピザが描かれた。それらは図Bのような刺激で、これらが次々と画面に呈示され、参加者は常に大きいほうを選ばなくてはならない。

ここで、ある参加者は実験開始の三時間前から何も食べてはいけないと言われ（空腹の状態）、残りの参加者は実験開始前の一時間以内に何かを食べるように言われた（空腹ではない状態）。数日後に行われた二回目の実験では、逆の食事制限（前回、実験開始の三時間前から何も食べなかった参加者は実験開

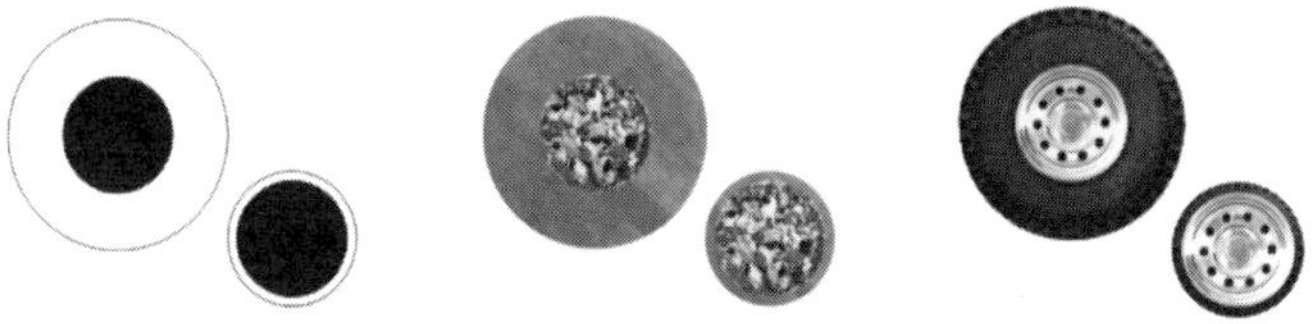

図Ａ　実験に使用された刺激（提供：Noa Zitron-Emanuel）

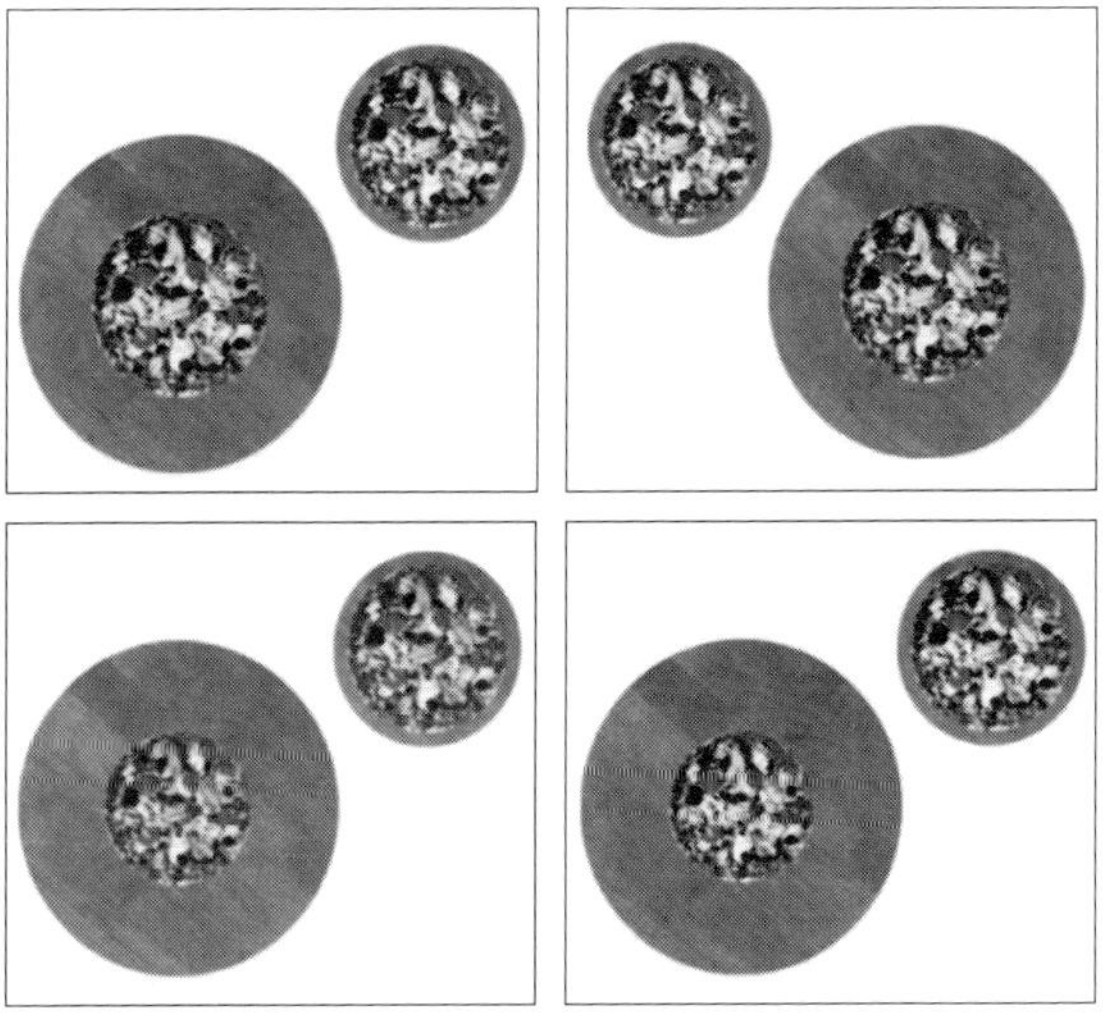
図Ｂ　ピザの直径を変えた刺激の例（提供：Noa Zitron-Emanuel）

始前の一時間以内に何かを食べる参加者になる）で同様の実験を行った。その結果、図Ａ①の刺激では空腹の状態と空腹ではない状態とで、デルブーフ錯視量に差は見られなかったのだが、ピザ（図Ａ②）の時には、空腹の状態ではそうでない時よりもデルブーフ錯視が起こりにくく、より正確にピザの大きさを判断したのだ。

しかしなぜ、おな

かが空いているとピザの大きさを正確に判断できたのだろうか。もう一度、ピザの画像をじっくりよく見てみると、オリーブやトマトやバジルらしきものがピザの上に載っており、その一つ一つの大きさを比べることでピザの大きさを正確に判断できそうなことに気がつくだろう。おなかが空いている時は、「オリーブの大きいほうがいいなあ」と思ったかどうかはわからないが（たぶん思っていないだろうが）、無意識に個々のパーツの大きさでピザの大きさを判断していたのかもしれない。

そこで、Zitron-Emanuelら[1]は図A③の車のホイールを刺激に加えた。ホイールの大きさを変化させると、ホイールの模様の大きさも変化する。もし、参加者が内部の模様の大きさで判断しているのだとしたら、ホイール刺激課題も正確に判断できるのではないかと考えたのだ。ところが、ホイール刺激での結果は、図A①の黒い円の刺激と同様に、空腹の状態でもそうでない状態でもデルブーフ錯視が生じたのである。つまり、おなかが空いている時はピザの大きさだけを他のものよりも正確に判断できたのだ。おなかが空いていることで、ピザの刺激の時にモチベーションが向上し、デルブーフ錯視が起こりにくくなったのだろうとZitron-Emanuelらは考えているが、その詳細なメカニズムはまだよくわからない。デルブーフ錯視でのダイエットは、おなかが空いていると効果がないようだ。

引用文献

（1） Zitron-Emanuel, N., & Ganel, T.（2018）. Food deprivation reduces the susceptibility to size-contrast illusions. *Appetite*, *128*, 138–144.

マルハナバチはモリヌークスに答えるのか

テレビ番組などで芸人さんが、「中身の見えない箱におっかなびっくり手を入れて飛び上がる」リアクション芸を披露していたら、それを見ながらモリヌークスやマルハナバチに思いをはせるのも悪くはないかもしれない。話は逆さまといえば逆さまなのですが。

Meltzoff[1]らは、ツルツルのおしゃぶりとイボイボのおしゃぶりのどちらかを、見えないように手で隠して、乳児の口に入れた。九〇秒後、部屋の照明を消し、何も見えない状態で口の中のおしゃぶりを取り出し、乳児の目の前にツルツルとイボイボのおしゃぶりを置いた。再び照明をつけてから二〇秒間、乳児がどちらのおしゃぶりを見るか観察したところ、口に入っていたほうをより長い時間見た。生後一カ月の乳児六四人で調べた結果、触覚で得た形の情報を視覚に移行できたことから、触覚から入力されたおしゃぶりの性質は脳に「表象」され、視覚からもアクセスできると考えられている。

この種の問題は「モリヌークスの問題」と呼ばれている。一七世紀の哲学者ウィリアム・モリヌークスがジョン・ロックに投げかけた質問はこうだ。「先天的な盲人がいたとする。彼は同じ金属でできた立方体と球体に手でふれて、立方体、あるいは球体と区別して言えた。この盲人が見えるようになったとする。彼はさわらずに見ただけで、目の前の立方体と球体とを正しく区別し言い当てることができるか？」。経験論者のロックは「経験が必要なのでできない」と答えたが、おしゃぶり実験の乳児は、生後一カ月までの経験を「ほぼないもの」と見なすならば、「できる」ようなのだ。実際の開眼手術の経過を検討した研究もあるが、手術直後の視覚はそうすぐにうまくは機能しないので、モリヌークスの問いには答えられなかった。

Solvi[2]は、マルハナバチでこの問題に取り組んだ。モリヌークスの問い通り「球体」と「立方体」を使って実験したところがかっこいい。球体と立方体は小さな穴のある容器だ（図）。一方の形の穴には甘いショ糖液、もう一方には苦いキニーネが入っている。グループ1のマルハナバチは真っ暗な部屋でショ糖液が入っている容器の形を足や口吻などでふれて学習した。別のグループ2のマルハナバチは明るい部屋で視覚のみで学習した。図①のように容器の上にペトリ皿がかぶせてあるので直にふれることはできなかったのだ。

①　②

図　Solviの実験[2]（提供：Lars Chittka）

明るい部屋では容器にペトリ皿がかぶせてあり（①）、暗い部屋では容器に直接ふれることができる（②）

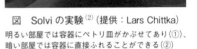

実験では新しい容器が使われ、穴には何も入っていない。暗い部屋で学習したグループ1のマルハナバチは三分間、明るい部屋に放された。すると、触覚で学習した時にキニーネの入っていた容器よりもショ糖液の入っていた容器のペトリ皿の上でより長い時間過ごしたのである。逆に、明るい部屋で学習したグループ2のマルハナバチは暗い部屋に放されると、視覚で学習した時にキニーネが入っていた容器よりもショ糖液の入っていた容器により長い時間ふれていたのだ。二つの異なる感覚からの入力が同じ性質についての情報ならば、同一のものとして脳に「表象」され、その表象にはどちらの感覚からもアクセスできることが、マルハナバチの実験で示されたとSolvi[2]は考えている。このマルハナバチも乳児と同様、すでに様々な経験をしているため、モリヌークスに答えることはできない。

芸人さんの手に箱の中の何かがふれて大騒ぎをする瞬間、彼らは何を表象しているのだろう。学習中のマルハナバチが苦いキニーネの入っていたほうの容器にふれてしまった時に、彼らは何を表象するのだろう。「うわうわうわっ！」みたいな情動がそこには伴っているのだろうか。擬人主義に傾いて考える必要もないのだが、考えてみるのはおもしろい。こうして私はリアクション芸に笑いながら、マルハナバチのことを考えてしまうのである。

引用文献

（1） Meltzoff, A. N. *et al.* (1979). Intermodal matching by human neonates. *Nature*, *282*, 403-404.

（2） Solvi, C. (2020). Bumble bees display cross-modal object recognition between visual and tactile senses. *Science*, 367, 910-912.

延長される目

針の穴が見えにくい。そろそろ老眼鏡か。道具を使って目の機能を補うのだ。より小さいものを見るために虫メガネや顕微鏡を、より遠くを見るために双眼鏡や望遠鏡を使う。自分の目だけでは見えなかった様々な現象を、ルーペを通して「見える」ようにする。まるで目が延長されるようだ。

数年前、マウスの顔写真を見せてもらいながら、「ほら、耳がこうなって、口もとがこうなっているのは痛い時の顔で、喜んでいる時は……」とマウス研究者から説明を受けたことがある。説明を受けている時は、「なるほど」とわかった気になったのだが、その後、自分一人ではマウスの表情を判断できなかったのを覚えている。マウスとつき合ったことがないからかもしれない。マウスの顔は小さい。その小さい顔のさらに小さい部分の微細な動きを自分の目で確認し、動きの差異から各々の情動を正確に分類するなんて、難しすぎる。

そこで目を延長だ。Dolensek[1]らは機械学習アルゴリズムを使った。マウスの頭部を固定し、様々なイベントを与えたのだ。イベントは図の上から、①イベントなし（中立）、②尾に電気ショックを与える（痛み）、③苦いキニーネ液を与える（嫌悪）、④ショ糖液を与える（喜び）、⑤塩化リチウム溶液を注射する（不快）、⑥電気ショックを受けた部屋に入れる（逃走行動——活動的恐怖）、⑦電気ショックを受けた部屋に入れる（じっと固まる——受け身の恐怖）。各イベントは三回繰り返され、イベント前後のマウスの顔を撮影した。そして、ミリ秒単位で、顔の微細な動きとその量を正確に測定したのだ、機械が。その結果から、各イベント時の表情を定量化し、分類し、モデル化したのだ、機械が。

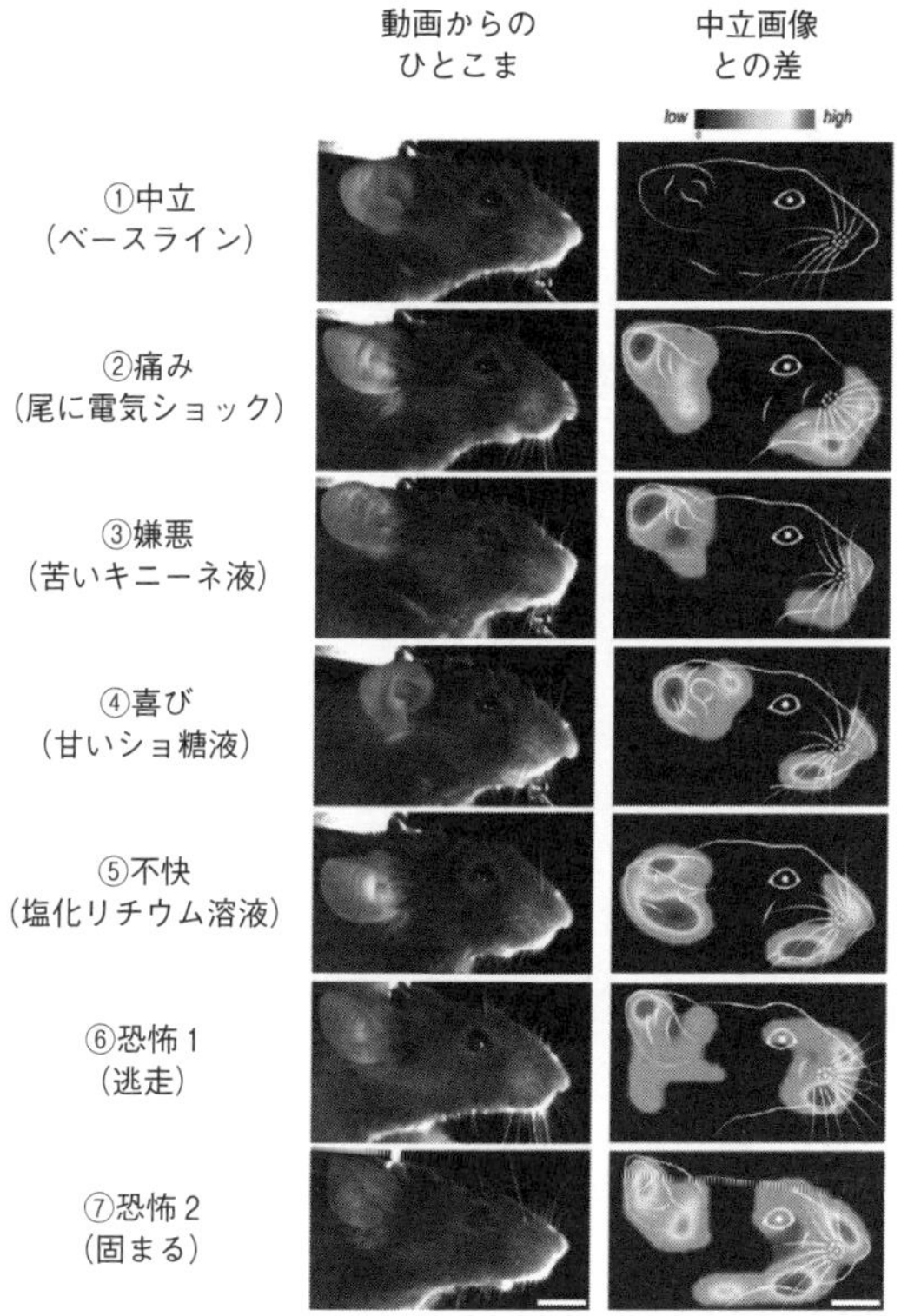

図　機械学習アルゴリズムを用いて明らかになったマウスの表情（提供：Nadine Gogolla）

図の⑥の逃走の表情は、②痛みと③嫌悪の表情が混ざっているそうだが、②③④⑤⑦の表情はそれぞれ独立したものとして分類された。つまり、マウスには五種類の表情が独立して存在し、それらの組み合わせでさらに複雑な表情を可能にしているらしい。

機械学習という分野の勢いがすごい。すごすぎてついていけないが、機械学習はその名の通り、学習する機械のことだ。マウスが甘いショ糖液や苦いキニーネ液を飲んでいる時の映像を複数集め、これらのデータから反復学習をする。反復学習から各表情の特徴を抽出し、それを次回以降にも利用できるようにモデル化する。さらに、この表情の特徴をモデル化したプロセスを自動化して、以後の新しいデータ、たとえば、他個体の表情にも対応できるようにするのだ。最後にDolensek ら[1]はマウスの特定の表情と脳の活動が相関することまで明らかにした。

図のマウスの横顔のうち、①中立、②痛み、③嫌悪、④喜び、⑦恐怖（固まる）を参加者六三人に示して、「この表情はGoodですか、Badですか？」「何を経験していると思いますか？〈痛み、嫌悪、喜び、恐怖、特には何も〉から選択してください」と求めた。すると、マウスとつき合ったことのない参加者なのに、各表情を当てることができたのだそうだ。「参加者の人たちはすごいなあ」と思って、私も図をじっくりと眺めて挑戦してみたのだが、……無理でした。

虫眼鏡の向こうのアリの動きを観察する時、自分の目で見ているという実感がある。というかリアルに見ているのだ。ところが、機械学習はその過程が見えない。機械が出した結果しか見えないので、目で見ている感じはない。ということは、これは延長された目とは、ちょっと違うのかもしれない。

引用文献

（1）　Dolensek, N. *et al.* (2020). Facial expressions of emotion states and their neuronal correlates in mice. *Science*, *368*, 89–94.

他種を観察して学習する

「飼育員さんが水槽に近づくと、チンアナゴが砂にもぐっちゃうんだって」。そう聞いた時、「それって普通じゃないの?」と思ったが、そうではなかった。すみだ水族館のチンアナゴは、お客さんや飼育員さんが近づいても砂にもぐらないという。毎日のように水槽の前を歩いて中をのぞき込むヒトたちに慣れたのだろう。おかげで誰もがチンアナゴをじっくり観察することができた。ところが、新型コロナウイルスの影響で休館となり、それからしばらくして、飼育員さんが水槽に近づくと、チンアナゴが砂にもぐるようになってしまったのだ。チンアナゴはいったい何を学習したのだろう。

「混群」とは、異なる種類の動物が一つの群れとして行動することで、うちの庭にもメジロとシジュウカラがよく一緒にいるが、Hämäläinen[1]らの調査地であるフィンランドでは、シジュウカラとアオガラが一緒にいるという。一緒に行動していれば、他種の行動を観察し学習するかもしれない。それを確かめるために、まずは野生のシジュウカラとアオガラを捕まえた。

図①のaとbのように、モデル個体(同種あるいは他種)が「十字の餌」と「四角の餌」を食べている様子(ビデオ映像)をシジュウカラやアオガラに見せた。これらの餌は、アーモンドの薄片を白い紙

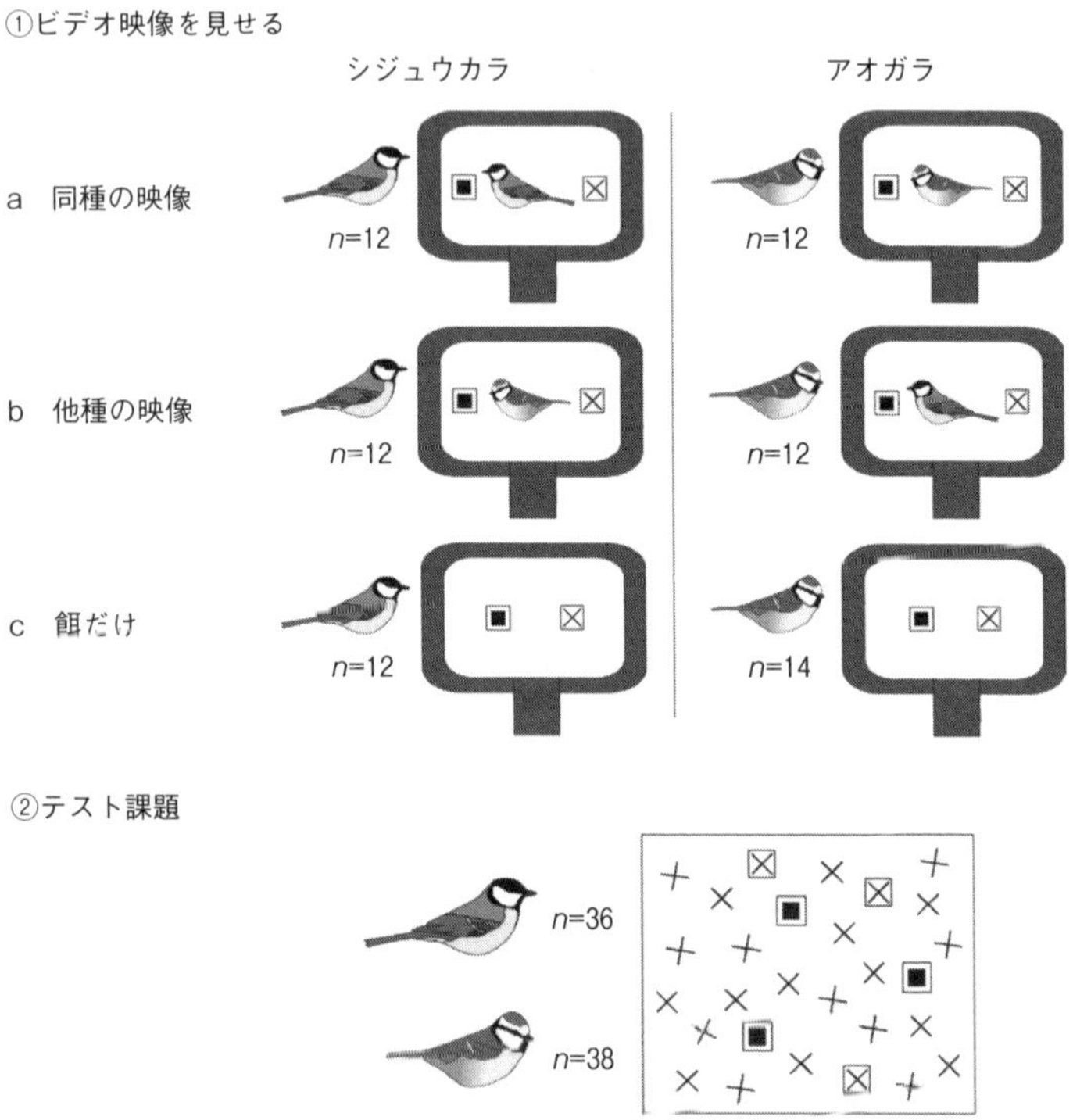

図　実験の流れ(1)

②では十字がたくさん描かれた白い紙の上に、「十字の餌」と「四角の餌」が置かれた

にはさみ、その紙に四角あるいは十字の模様を描いたものだ。シジュウカラもアオガラも紙の部分を器用に取りのぞいて中のアーモンドを食べる。モデルは「四角の餌」を食べた直後、頭を振ったり、くちばしを止まり木にこすりつけたりした。これはまずい餌を食べた時の行動で、「四角の餌」のアーモンドには苦いキニーネがつけてあったのだ。「十字の餌」のアーモンドには何もしていないので、モデルはいつも

のように食べた。図①のcはコントロールで、モデルはいない、餌だけの映像だ。これらのビデオ映像の一つを、部屋に一羽でいる状態で見せられ、その後、図②のような餌が置かれた白い紙が部屋に入れられた。紙には十字が一四〇も描かれていて、その中に八個の「十字の餌」と八個の「四角の餌」が置かれている。事前に行った実験で、紙に十字をたくさん描くと、シジュウカラもアオガラも見つけやすい「四角の餌」を、「十字の餌」よりも選ぶことがわかっている。そこで、「十字の餌」を見つけにくい状況でも、「十字の餌」をあえて選んで食べるのかを調べようというもくろみだ。

映像を見た直後の、最初に選んだ餌が「十字の餌」だったら、「おぉ、やったあ!」となったのだが、残念ながらそうはならなかった。最初の選択では特にどちらということはなかったのだ。考えてみれば、友人が食べたシシトウが辛かったとしても、他も辛いとは限らない。友人が食べた直後に私がシシトウをつまんで口に入れても、何らおかしいことはない。ところが、自分で選んだシシトウも辛くて、それがさらに続いたら「シシトウは辛い(四角は苦い)」という学習がどこかの時点で成立する。そこで、学習の進み具合を見ると、モデル個体の映像を見た時のほうが、それが同種でも他種でも、餌だけの映像の時よりも、シジュウカラもアオガラも学習が早かったのだ。混群を形成する種どうしは互いに観察学習をしている。この実験では「餌」だったけれど、チンアナゴのように「ヒト」についても何かを学習しているかもしれない。

引用文献

（1） Hämäläinen, L. *et al.* (2020). Social learning within and across predator species reduces attacks on novel aposematic prey. *Journal of Animal Ecology*, *89(5)*, 1153–1164.

カマキリとコウイカが3Dメガネ⁉

飛び出す映像を初めて見たのは「東映まんがまつり」だった。赤と青のセロハンのメガネをかけてヒーローものを見たが、悔しいことにヒーローが誰だったかを思い出せない。あれから四五年たって、赤青メガネを買った。カマキリの実験[1]で使われていた刺激動画（https://www.sciencedirect.com/science/article/pii/S0960982218300149#mmc2）を見たかったからだ。赤青メガネは図Aのようなしくみで、青いセロハンを通した右目には青円は見えないが、赤円は黒円として知覚される。赤いセロハンの左目はその逆だ。赤円と青円の位置は左右にずれているので、それらが統合されて黒円が飛び出して見える。

Nityanandaら[1]は、この赤青メガネをカマキリにかけた（図B）。カマキリに見せた映像は虫のような小さい黒円（赤円と青円）が動くものだ。この黒円が、図Aのようにカマキリの前方二・五センチのところに飛び出して見えるなら、カマキリは虫を捕ろうとして前足の鎌を振り下ろすだろう。図Aの青円と赤円の位置が同一なら、黒円は画面上にあるように見える。カマキリから画面までは一〇センチもあるので、カマキリは鎌を動かさないだろう。さらに、赤と青が図Aとは左右逆に位置していたら、黒円は画面の奥のほうにあるように見え、この場合も鎌を動かさないだろう。すると、その通り、カ

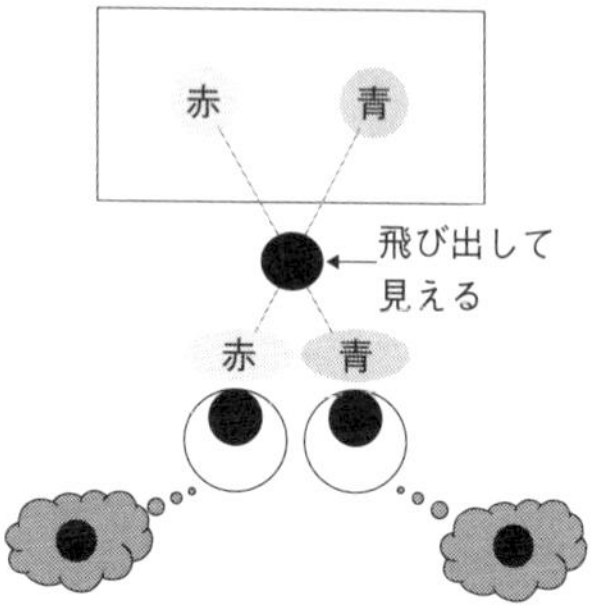

図A　アナグリフ方式のしくみ

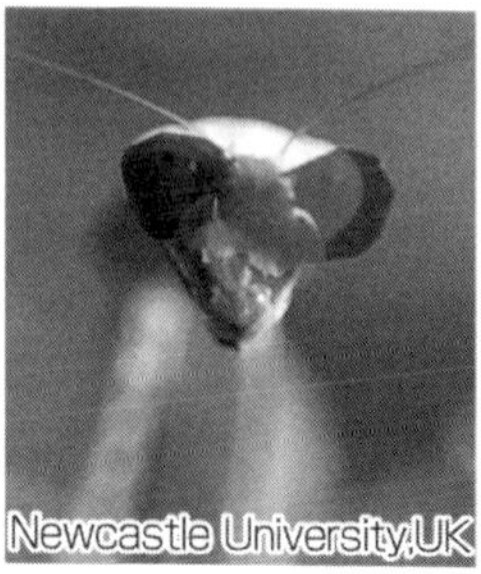

図B　カマキリに3Dメガネを装着[(1)]（提供：Vivek Nityananda）

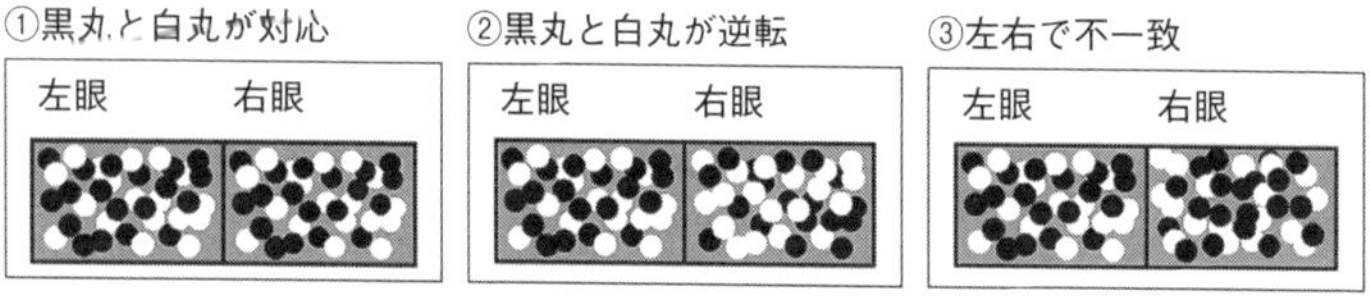

図C　左右の目に映る円やエビの模様

マキリは飛び出して見えた黒円の時だけ、鎌を上下に振ったのだ。カマキリにも図Aの円が飛び出して見える。ただし、円が動く時だけだ。

実は、カマキリに見せたのは図Aのような青円と赤円が一様に色づけされたものではなく、図Cのように多数の小さい丸（呈示された円は、赤丸あるいは青丸で描かれていた）でできた円だったのだ。なぜこのような模様にしたかと言えば、「左右の目に映る黒丸と白丸が対応している場合（図C①）」「左右で白黒が逆転している場合（図C②）」、さらに「左右の丸の位置が異なる場合（図C③）」を作りたかったからだ。ヒトは図C①だけが飛び出して見えるという。ところが、カマキリは図C①②③のすべてで、黒円が飛び出して見える条件の時に鎌を振り動かした。カマキリは左右の目に映る模様が異なっていても、立体視ができるのだ。カマキリの立体視には動きがなくてはならないし、いったいどうなっているのか。私も買ったばかりの赤青メガネで試したが、ヒトの結果だった。

このカマキリ論文[1]を読んだFeordら[2]は、コウイカに3Dメガネをかけ、同様の実験をした（図D）。コウイカの刺激は円ではなく、コウイカの大好物であるエビの形だ。コウイカは図C①②の時だけ、エビの形が飛び出して見えた位置に触腕を伸ばした。コウイカは小さい丸の配置が左右の目で一致していれば、白黒は逆転していても立体視ができたのだ。コウイカもどうなっているのか。

カマキリもコウイカもヒトも、右目と左目の情報を統合して立体視をしている。コウイカの眼球はヒトと似ているが、カマキリなんて複眼だ。それなのに、ある程度は同じ方法で立体視をしているのだ。

図D　コウイカに3Dメガネを装着[2]（提供：Rachael C. Feord）

引用文献

（1）Nityananda, V. *et al.*（2018）. A novel form of stereo vision in the praying mantis. *Current Biology, 28(4)*, 588-593.

（2）Feord, R. C. *et al.*（2020）. Cuttlefish use stereopsis to strike at prey. *Science Advances, 6(2)*. doi: 10.1126/sciadv.aay6036.

前方バイアス

祖母の家の仏間には肖像画があった。仏壇の上から右に行くほど新しくなり、最近のものは写真だったが、すべてがモノトーンで、まっすぐ前を見すえた無表情の顔が画面中央に描かれていた。この家を守ってきたご先祖様たちだと聞かされても、仏間には怖くてひとりで入れなかった。死者の肖像画と言えば、古くは紀元前のものがエジプトのファイユーム墓地で発見されている。色鮮やかでやさしそうで、ちっとも怖くない。祖母の家の肖像画とはずいぶんと違う。

欧州で肖像画が絵画として確立するのは、ルネサンス期と言われている。肖像画と言っても、全身を描いたものや顔だけのもの、正面顔や斜め顔のもの、背景が描かれていたりいなかったりなど、実に様々だ。Miton[1]らは、肖像画の「横顔」（図）に注目し、Art UK と Wiki Art というウェブサイトから横顔の肖像画を探した。「キャンバスは長方形」「人物は一人だけ」「片方の目だけが描かれ、人物の向いている方向が明確」「本を読んでいるとかパイプを持っているといったような、ものとのインタラクションがない」が今回の調査に使用する横顔肖像画の条件だ。この条件に合った、一五〜二〇世紀の欧州の画家五八二人による一八三一作品を集めた。モデルが女性のものが一〇九五作品、男性のものが七二九作品、性別のはっきりしないものが七作品で、左を向いているのが一〇八六作品で右が七四五作品だった。これらの絵の人物の構図を調べるため、図のように、枠に一番近い部位の頭の前方と後方の空間（細い矢印）、身体の前方と後方の空間（太い矢印）を測定した。

一八三一作品のうち一三九五作品でモデルの頭部後方よりも前方により広い空間が存在した。頭部の「前方の矢印の長さ÷（前方の矢印の長さ＋後方の矢印の長さ）×一〇〇」の値の平均は六二・三二だった。身体に関しても一六一九作品のうち九二六作品で身体後方よりも前方により広く空間がとられていた。身体の「前方の矢印の長さ÷（前方の矢印の長さ＋後方の矢印の長さ）×一〇〇」の値の平均は六〇・五五だった。モデルが右向きでも左向きでも、男性でも女性でも、頭部も身体も後方よりも前方の空間が有意に長かったのである。これは「前方バイアス」と呼ばれている。肖像画一八三一作品のうち制作年が判明したのは一四二九作品で、年代による構図の変化を見ると、古い作品ほどモデルが中央に位置していて、新しくなるほ

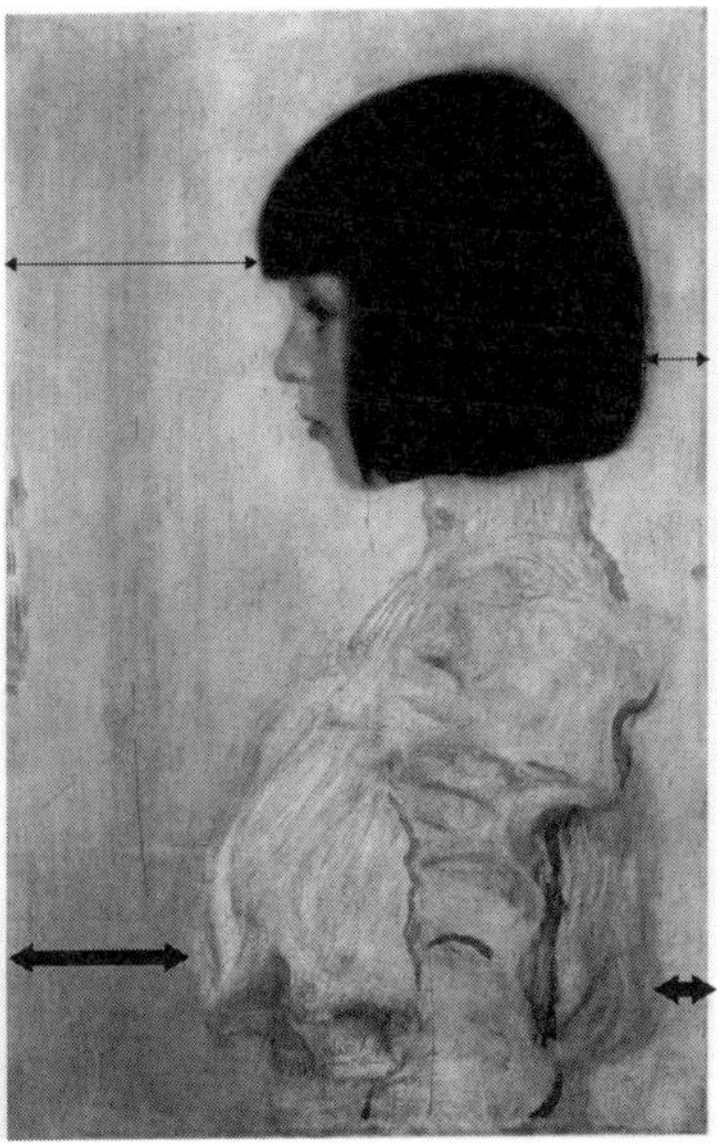

図　ヘレーネ・クリムトの肖像（グスタフ・クリムト、1898 年、ベルン美術館蔵）
細い矢印は頭部の前方と後方の空間、太い矢印は身体の前方と後方の空間を表す（Helena Miton 作成・提供）

ど頭部前方の空間がより広くなっていたのだ。身体の前後の空間に関しては時代による変化は見られなかった。

画家が好んで描き、鑑賞者が好ましいと眺める横顔の肖像画は、その時代や地域の「文化的な規範」から形成されるとともに、ヒトの「認知的要因」にも影響される。人物や物体の後方よりも前方に自然に注意が向いてしまう傾向がヒトにはあるので、人物の前方に空間のある肖像画のほうをより美しいと感じるのだ。Mitonらは、ルネサンス期にはキャンバスの中央に人物を配置するという文化的規範があったのではないか、その規範は時代とともに薄れていき、ヒトの認知的要因から前方に空間をより広くとる構図になったのではないかと考えているようだ。

何もないテーブルに花瓶を置く時、中央に置くことがある。一方で、写真の撮り方に「人や物を撮影する場合は中央から外し、被写体の前方の空間を広くとる」と書かれていることがある。「中央に置く」も「前方に空間をとる」も、文化的規範と認知的要因の両方の影響があるようにも思える。

自室の、窓に面して置かれている机に座ると、巨大な金木犀が一本見える。そのまん前に座ることもできるが、私の椅子はいつも少し右にずれている。

引用文献

（1） Miton, H. *et al.*（2020）. A forward bias in human profile-oriented portraits. *Cognitive Science*, *44*(*6*). doi: 10.1111/cogs.12866

目が引っ込む

子どもの頃、カタツムリを見つけたらツノをつんつんしていた。さわるとツノが引っ込むのがおもしろくて何度も繰り返していたが、カタツムリにとっては非常に迷惑なことだっただろう。さすがに今はもうつついたりはしない。カタツムリにはまぶたも瞬膜もないので、「目を守るために引っ込める」のだろうか。そんな動物は他にもいるのかと調べてみたら、まぶたも瞬膜も持っていないトンガリサカタザメは頭の上に飛び出している眼球を内部に引き込むことができ、ジンベイザメは頭の側面に飛び出している眼球を引き込むことができるという[1]（図A、図B）。ダイバーがジンベイザメに近づくと目が引っ込むのだそうだ。さらに引っ込んだ状態でも瞳孔部分がちらりと見えているそうで、引っ込んで視野はせばまるけれども、見ることはできているらしい。

出っぱっている目は危険だ。出っぱりは目立つので注意がそこに向く。ヒトの赤ちゃんは、ぬいぐるみについているタグやひも部分を引っぱったり、口に入れてかんだりする。チンパンジーやヒヒの子どもは、ヒトが着ている服のファスナーの引き手を指でつまんでサーッと一気に下ろしたりする。ファスナーの引き手も出っぱっていて目立つのだろう。話がどんどんそれて行きそうなので元に戻す

図A　ジンベイザメの横に飛び出た目[1]

図C　白目に並んでいる皮歯（うろこ）[1]

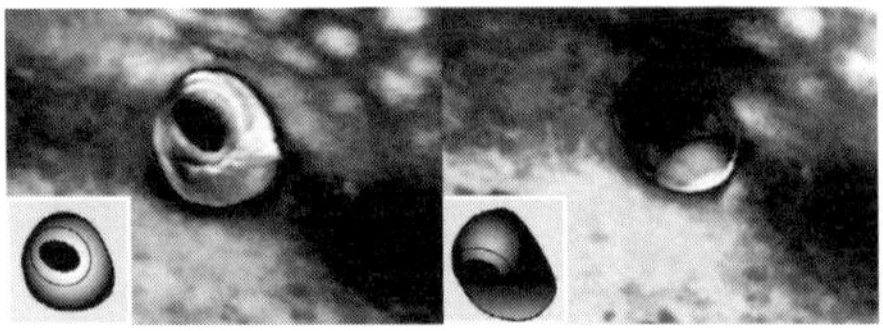

図B　ジンベイザメの目が引っ込む様子[1]

と、「出っぱった目は危ない」のだ。

サメやエイの体の表面には楯鱗《じゅんりん》とか皮歯と呼ばれる、文字通り歯のようなうろこ（鱗）が並んでいる。これによって水の抵抗を減らし、速く泳げるのだ[1]。さらに、こちらも文字通り楯《たて》のように体を守る役目もあるという。この楯鱗が発達して歯になったらしい。

「体に歯があるとはなあ」と思ったら、ジンベイザメの眼球をTomitaら[1]が調べたところ、なんと虹彩の周りの白目部分にも歯状突起（皮歯）がびっしり並んでいたのだ（図C）。その数、両眼で約六〇〇〇個！　コンピュータ断層撮影（CT）で皮歯の構造を詳細に調べたところ、体表と白目の皮歯は構造が異なり、体表の皮歯の構造は水の抵抗を減らすのに適しており、白目の皮歯は磨耗に強い構造だったという。白目の皮歯は目を守っているのだ。

二〇年ほど前、沖縄美ら海水族館で初めてジンベイザメを見た。今でもよく覚えている。図Bの目の写真は、その沖縄美ら海水族館の、体長八・七メートルの、飼育期間二五年のオスのジンベイザメだと論文に書いてあった。これはまさしく二〇年前に見た、あのジンベイザメだ！　大きくなったなあ。なんだかウキウキしてきた。

引用文献

（1）Tomita, T. *et al.* (2020). Armored eyes of the whale shark. *PLoS ONE, 15(6)*. doi: 10.1371/journal.pone.0235342

（2）Domel, A. G. *et al.* (2018). Shark skin-inspired designs that improve aerodynamic performance. *Journal of the Royal Society Interface, 15(139)*, 20170828.

「目」だけで見分ける

漫画に登場する泥棒は手ぬぐいで頭を包み、鼻の下で結んでいるが、江戸時代の泥棒は本当にそうしていたらしい。近頃のドラマの銀行強盗は目出し帽をかぶっているが、どちらも目以外の顔の部分が隠れるので、目撃されたとしても顔の再認識が難しくなるからそうしているのだ。けれども、映画やドラマだと、「あの目を忘れたことはない」という目撃者のセリフがあって、終盤で「目」だけで犯人の顔を特定できることがある。こんなことは現実にも可能なのだろうか。

日常的に頭部にスカーフ（ヒジャブ／グトラ）を巻いているアラブの人たちは、互いの顔のパーツをしっかり見ているのではないか。彼らは「目」だけ、「鼻」だけ、「口」だけでも顔を上手に識別できるかもしれないとWang[1]は考えた。そこで、アラブ首長国連邦のザイード大学とアメリカ合衆国のニューヨーク大学の学生に、図の実験を行った。モニタに髪や耳の見えない「顔」が五〇〇ミリ秒（〇・五秒）映し出され、その後、二つの「顔（図①）」あるいは「目のみ（図②）」「鼻のみ」「口のみ」が呈示される。参加者は、最初に見た顔と同じなのは左の顔だと思ったらキーボードのAを、右の顔だと思ったらLを押す。図①のように、選択場面で二つの「顔」が呈示される場合、「目」以外の鼻

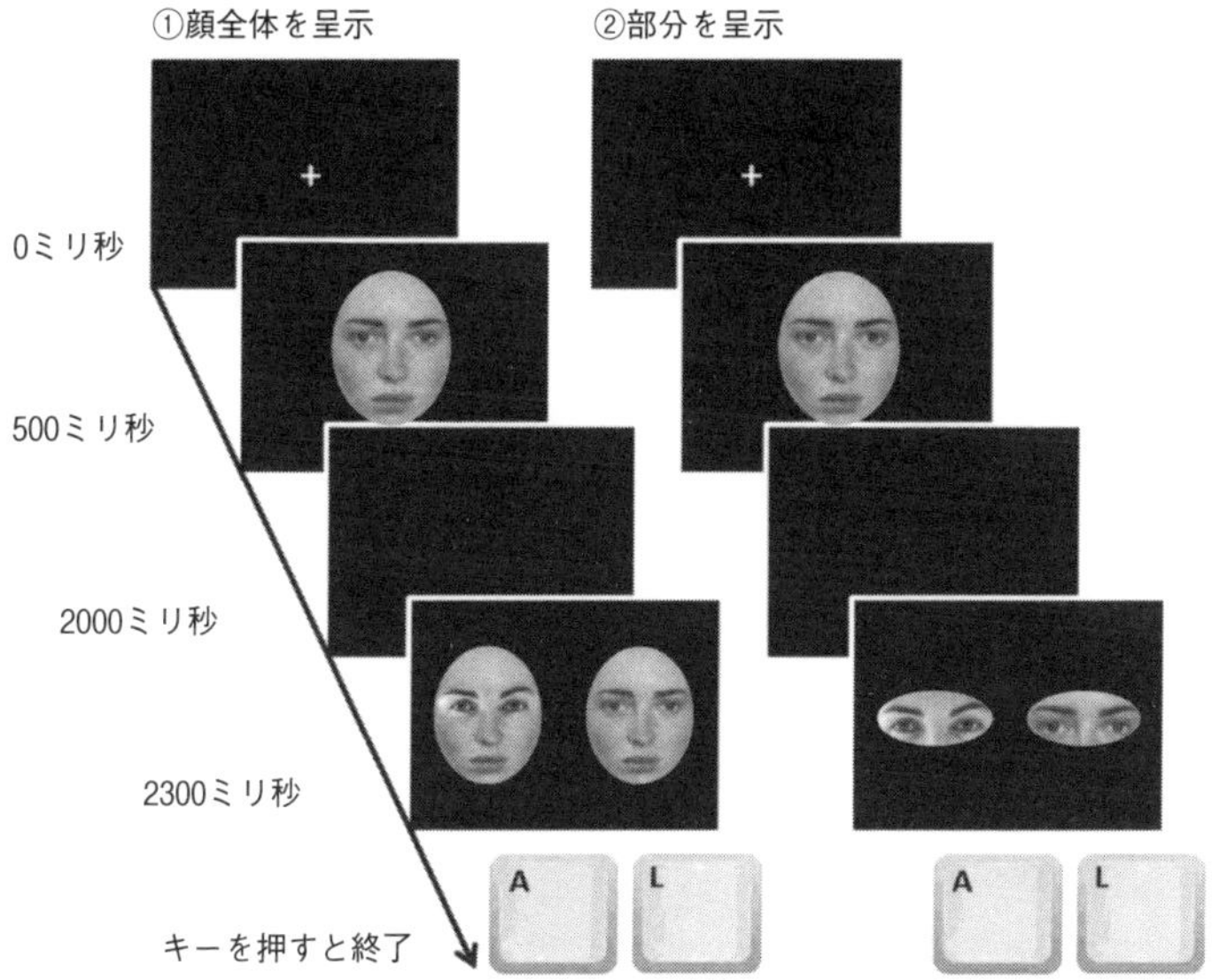

図　実験方法（Wangの実験[1]を参考に作成）

や口は、最初に呈示された顔の鼻と口と同じなのだ。つまり、図①も図②も「目」で判断するしかない。しかも最初の顔を五〇〇ミリ秒という短い時間だけしか見ることができないので、結構難しい。刺激の顔はアラブ人の場合と白人の場合がある。

この結果、図①と図②で成績に差はなかった。「鼻」の課題では、アラブ人参加者（八六人）のほうがアメリカ人参加者（八四人）よりも成績が有意に高かった。「口」でもアラブ人の成績のほうが高い傾向は見られたが、「目」ではアラブ人もアメリカ人も八割以上の正解で、差は見られなかった。ちなみに「鼻」や「口」の正解率は六〜七割ほどだったので、顔写真を見せられたら、やはり「目」に注目してしまうようだ。おもしろいことに、刺激の顔がアラブ人の時のほうが、参加者（アラブ人もアメリカ人も）の成績がよかったのだ。

アラブでは、家族や親しい友人との挨拶時、互いの鼻をこすり合わせる（今は新型コロナウイルス対策で鼻挨拶は禁止されているらしい）。また、アラブの人々にとって顔の美しさを判断する時、「鼻」が重要で、「sallat al-saif（白刃のような鼻）」というフレーズは詩などで広く使用されているそうだ。まっすぐな鼻梁で小鼻が細く（鼻の穴が狭く）、鼻先がとがっている鼻。そういう鼻が美しいらしい。こういった文化的な慣習が「鼻」に注目する素地を作ったのかもしれないし、日常的に頭にスカーフを巻いているから「顔の内側のパーツ」に注目するようになったのかもしれないとWangは言う。

以前、学会終了後の懇親会でフランス人夫妻と同席した時、そのフランス人の夫は「彼女（妻）のギリシャ鼻は本当に美しいんだ」と言い、人差し指で妻の美しい鼻をなぞりながら「ほら、まっすぐだ。きれいだろ?」としきりにほめていた。額からまっすぐに、目の間でへこまずに、鼻先まで高くなっている鼻だった。そう言えば「クレオパトラの鼻がもう少し小ぶりだったら……」と言ったブレーズ・パスカルもフランス人だ。フランス人も「鼻」の識別が得意かもしれない。

引用文献

（1） Wang, Y. (2015). The headscarf effect revisited : Further evidence for a culture-based internal face processing advantage. *Perception, 44*(3), 328-336.

メガネは知性の一部か

コナンくん（青山剛昌原作『名探偵コナン』の主人公）はメガネをかけている。コナンくんのメガネは「犯人追跡メガネ」というそうで、阿笠博士が発明したものだ。その阿笠博士もメガネをかけている。登場人物の中でも、賢い系キャラクターのコナンくんと阿笠博士がメガネをかけているのだ。

Eggleston[1]らはメガネと知性の関係を調べた。一二人の男性と一二人の女性の顔写真を用意し、図のようにメガネを描き、二四人のメガネあり（図①）と二四人のメガネなし（図②）の顔写真を作成した。次にこれらを二つのグループに分けた。たとえば、図のメガネなしの女性の顔（図②）をAグループとしたら、メガネありの女性の顔（図①）はBグループとする。ある男性のメガネなしの顔をBグループとしたら、メガネありの顔をAグループとする、といった具合だ。こうすれば参加者が見るAグループ、あるいはBグループに同じ顔は出てこないことになる。

モニター画面に顔写真が一枚呈示され、「どのくらい知性的（intelligent）に見えますか？」と参加者は質問される。参加者は「これくらいかな」と思う数字を、1（全く知性的でない）~9（とても知性的である）で答える。すると、AグループもBグループも、メガネありの顔のほうがメガネなしの顔よ

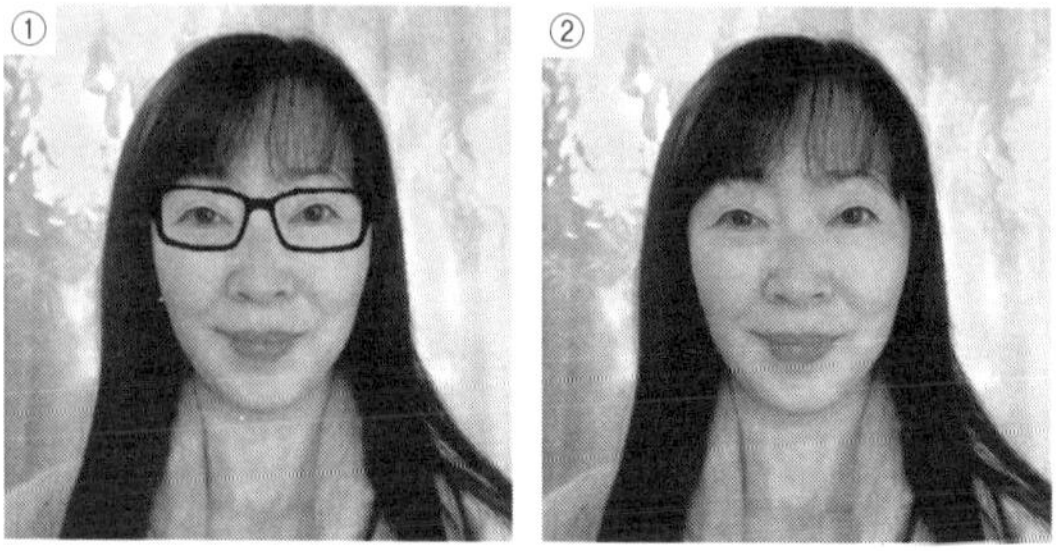

図　実験刺激（Eggleston らの実験[1]を参考に作成）

りも有意に高い得点となった。そこで第二実験では、「メガネはヒトをより知性的に見せます。ですので、メガネを無視して顔の構造にだけ集中して判断してください」と参加者に説明した。しかし、それでもメガネありの顔のほうがメガネなしの顔よりも高得点となった。さらに第三実験では、顔写真の呈示時間を一〇〇ミリ秒（〇・一秒）と非常に短くしたが、それでも結果は変わらず、メガネありがメガネなしよりも高得点となったのだ。

ヒトの発明品であるメガネは、一二八六年に登場する[1]。ということは、メガネの登場から約七〇〇年の間に、メガネをかけた顔と知性とを結びつける傾向が、書物や絵画といった文化的なツールによって生まれたのかもしれないと Eggleston らは言う。ところで、メガネのない顔写真の得点も、「顔」によって異なった。参加者は顔面の構造自体から知性を推測し、しかもそれが、参加者間で一致し、得点の高い顔、あるいは低い顔が存在したのだ。「メガネと知性」に関しては文化的な経験によって生じたものだろうが、顔自体から受ける印象というのも経験によるのだろうか。

そこで Eggleston らは、モニターに二人の人物の顔写真を呈示し、

「どちらの人がより頭がよい（clever）と思う?」と、四歳児と六歳児に聞いた。この時、条件①「一人だけがメガネをかけている場合（大人の得点が等しかった二人の顔を使い、一方にメガネを描いた）」と、条件②「二人ともメガネをかけていない場合（大人の得点が高かった顔と低かった顔を組み合わせた）」が用意された。子どもたちには事前に「clever」という単語を理解しているかのテストをし、全員が理解していることを確認した。この結果、条件①では、六歳児はメガネありの顔をメガネなしの顔よりも有意に選んだが、四歳児の選択にそのような偏りはなかった。条件②では、六歳児は大人の得点の高かった顔を有意に選んだが、四歳児にはそのような偏りはなかった。以上の結果から、六歳までにメガネをかけているとより知性的だと判断し、さらに顔の構造からも、大人と同じように知性を推測することがわかったのだ。

六歳までの経験から、「顔」や「メガネ」から「知性」を推測するようになる。しかし、メガネをかけているのは賢いコナンくんだけではない。のび太くん（藤子・F・不二雄原作『ドラえもん』の登場人物）だってメガネをかけているのだ。これはどうしたらよいのだろう。いったいどのような経験をどのようにすると、メガネと知性が結びつくのだろうか、メガネの形は影響するのだろうか、まだまだ謎だらけだ。

引用文献

（1）Eggleston, A. *et al.* (2020). Culturally learned first impressions occur rapidly and automatically and emerge early in development. *Developmental Science, 24(2)*. doi: 10.1111/desc.13021

解説　エッセイができるまで

橋彌和秀

本書を読んでいると時折、著者の「夫」が登場する。的外れなことを言って勝手にがっかりしたり、古典落語の話を始めたり、ウルトラ怪獣の透視図についてうれしげに語りだしたりする人物だ。それで、どうして私がこの解説を書いているのかというと、その「夫」が私だからです。一応共同研究者でもあるので読者にはご寛容をお願いしながらも、「解説」など引き受けてしまい、たいへん恐縮している。

本書『飛ばないトカゲ』は、著者である小林洋美が『眼科ケア』誌に二〇一〇年から毎月連載している「モアイの白目」(東京大学出版会から公刊された前著のタイトルでもある)と、二〇二〇年から『UP』誌に連載している「論文の森の『イグ!』」の、一部をまとめたものだ。どちらの連載タイトルも、相談を受けて私が挙げた案を著者に採用いただいたものだが、『UP』のほうのタイトルには少しだけわだかまりがある。最初に著者から聞いたのは「イグ・ノーベル賞の候補になりそうな、一見〝役に立たなさそう〟に見えるかもしれないけれど〝おもしろい〟論文を紹介する連載にしたい」という意向だったので、「それなら」と思いついて自信満々で提出した当初のタイトル案は（私の認識の範囲では著者にも好評だったのに！）東大出版会の編集会議で却下されたのだ――「イグ・ノーベル賞場外馬券売場」、駄目でしょうか。「却下するなら知らん！」と一瞬逆上したが、冷静になってみれば逆上するほどの案でもなかったので気を取り直して考えたのが現在の連載タイトルで、本書のタイトルは、その連載エッセイのひとつから採られている。

著者と私のあいだでは日常的に奇妙なタイトルのメールが交わされる。「四九度で飛行機は飛ばない」「サメの傷」「水の上を逆さまに歩く甲虫」「抗うつ剤で大胆になるエビ」などなど。「これはおもしろそう」と思った自然科学系の記事のリンクや原著論文のファイルを、どちらかが見かけたら忘れないうちに共有しておこうというわけで、今時ならもう少し効率的な共有の仕方もありそうなものだが、なんとなくこのやり方で定着している。単に「ネタ」というタイトルのメールも最初のうちは飛び交っていたが、これだと後で見た時に何のネタだかわからなくなるので次第に少なくなり、内容が思い出せそうな（それで結果的に奇妙な）タイトルつきの形で定着して今に至る。共同で研究もしており興味も重なっていると、ニュースソースもどうしても重なるので、送られてくる情報を「もうずいぶん前に読んだ」ということもお互いにあるのだが、一方で「見出しだけ読んでスルーしていたけど、そんな話だったのか！」ということもしばしばであり、とりあえず共有しておいて食事か何かの時に話題にするというのは、セイフティネットとしてそれなりに機能しているようだ。

著者は毎回、そうやってストックした「ネタ候補」の中から紹介する論文を選んで読み込んでいく（ストックが切れかけるとあわてている）。関連論文を漁り、国内外（海外のことが多いが）の、論文著者のインタビューが載っていたりする自然科学系サイトの紹介記事に目を通す。図表の使用許諾や、読んでいて出てきた疑問については、原著者にメールする。科学者コミュニティのよいところで、送った先がバカンス中だったり四川省の山奥で野生パンダの絶賛調査中だったりしないかぎり（もちろん送った側の問題で不可抗力だ）、こういうメールには比較的すぐに返信がある。そうやって論文の流れや専門用語を押さえ、エッセイの核になる、研究自体の情報をまとめたところで「入口／出口」となる部分を書いてゆく。普段の会話や生活の話から入って、論文を紹介し、普段の生活に戻る、という本書の基本的な構造は、紹介する研究は日常の生活という文脈から遊離したものではなく、連続体なのだということを静かに示していると言えなくもない。その「日常」に登場させていただくのは面はゆいが、登場するにあたって草稿を読んで、場合によっては事実関係や追加情報を提供して肉づけしたり、「こっちのほうがおもしろいんじゃないか」と口を挟ませてもらったりするのは、割合に楽しい。

こういった一連の作業は、言ってみれば、研究を紹介するには当然必要なあたりまえのことなのだが、一本のエッセイを仕立てる労力というのは、コストパフォーマンスの外側にある大きなものだなあ、とつくづく思う。とはいえ、本書を読まれる方には気軽に楽しんで読んでいただいて、興味を持たれたら原著論文を手がかりに、ご自身で自然科学の「森」に踏み込んでいただきたいというのが著者の望むところだろう。その「森」を構成する一つひとつの研究が、自然科学という土壌の上に育まれた研究者の観察と発想とリアルな労働との結晶であることは今さら申し上げることでもないが、ここに掲載されているエッセイの一つひとつも、著者が一本一本の論文と真剣に渡り合って編み出した労働の所産であることを、脇で見てきた人間として記させていただきたいと思う。

（はしや・かずひで　九州大学大学院人間環境学研究院教授）

著者紹介

1963年　千住生まれ

1997年　東京工業大学大学院生命理工学研究科博士後期課程修了

博士（理学）

現　在　九州大学大学院人間環境学研究院学術協力研究員

主　著：『モアイの白目』（東京大学出版会，2019年），『読む目・読まれる目』（分担執筆，東京大学出版会，2005年），“Primate Origins of Human Cognition and Behavior”（分担執筆，Springer Japan，2001年）

飛ばないトカゲ
——ようこそ！　サイエンスの「森」へ

2022年 2 月 21 日　初　版

［検印廃止］

著　者　小林洋美《こばやしひろみ》

発行所　一般財団法人　東京大学出版会

代表者　吉見俊哉

153-0041 東京都目黒区駒場4-5-29
http://www.utp.or.jp/
電話　03-6407-1069　Fax 03-6407-1991
振替　00160-6-59964

組　版　有限会社プログレス
印刷所　株式会社ヒライ
製本所　牧製本印刷株式会社

ISBN 978-4-13-013316-6　Printed in Japan

好評既刊

モアイの白目——目と心の気になる関係

小林洋美　四六判・304 頁・2700 円（本体価格）

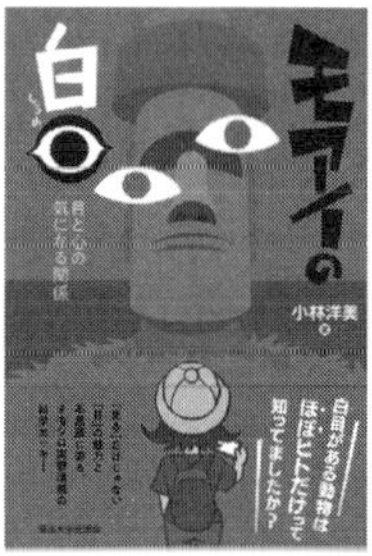

霊長類ではヒトだけに白目があることを明らかにした著者が、「目」にまつわるさまざまな事柄を、最新の心理学や行動学の研究を紹介しながら読み解いていく。「見る」だけでなく、注意をひきつけ、コミュニケーションに寄与する「目」の不思議に迫る科学エッセー。

本書でとりあげられているトピックの例

●ウシのお尻に目玉模様を描くとライオンに襲われない？
●霊長類の中でヒトにだけ白目がある意味とは？
●モアイは歩いて運ばれ、高台に到着後、目が入れられる？
●生後 4 週の乳児は授乳中にアイコンタクトしないと泣き止まない
●パンダは仲間のたれ目模様を区別できる

目次（抜粋）

I 「目」があると
誰かに見られている／見られると動く物体／もしも、お尻に目があれば／ etc.…
II 目は心
目は記憶スイッチ／見えないなら想像してごらん／世界は私に微笑んでいる／ etc.…
III 白目と黒目
モアイの開眼／白目は白いだけじゃない／子どもは人助けが好き／ etc.…
IV 目と顔
乳児とデジカメの顔検出／上目遣いで目がパッチリ／シグナルとしての涙／ etc.…
V 目と目
目であいさつ／見つめ返せば親友／あっち向いてホイ／ etc.…
VI 視知覚
○・一秒先を読む／青い目のトナカイ／トワイライト・ゾーン／ etc.…
VII 目の進化
目を読むのはヒトだけ？／ネアンデルタールは Big Eyes ／クジャクの目玉模様／ etc.…